JACQUES CARTIER

Sa Vie et ses Voyages

PAR

JOSEPH POPE.

TRADUIT DE L'ANGLAIS

PAR

L. PHILIPPE SYLVAIN

(de la Bibliothèque du Parlement.)

OTTAWA.

1890

Enregistré conformément à l'Acte du Parlement du Canada, en l'année mil huit cent quatre-vingt-dix, par JOSEPH POPE, au bureau du ministre de l'Agriculture, à Ottawa.

Imprimé par A. S. WOODBURN,
Ottawa, Ontario.

A

L'HONORABLE AUGUSTE RÉAL ANGERS,

LIEUTENANT-GOUVERNEUR DE LA PROVINCE DE QUEBEC,

CETTE ESQUISSE

DE LA VIE ET DES AVENTURES

DU

DÉCOUVREUR DU CANADA

EST,

AVEC LA BIENVEILLANTE PERMISSION DE SON HONNEUR,

RESPECTUEUSEMENT DÉDIÉE.

PRÉFACE.

Les journaux ont annoncé, au commencement de l'an dernier, que Son Honneur le lieutenant-gouverneur de la province de Québec avait, par l'entremise du comité littéraire et historique du *Cercle catholique* de Québec, généreusement offert une médaille d'argent et une autre en bronze pour les deux meilleures études sur " Jacques Cartier, sa vie et ses voyages." Les monographies pouvaient être écrites en anglais ou en français et le concours était ouvert aux écrivains étrangers aussi bien qu' à ceux du pays. L'auteur de ce travail concourut avec quelques autres, et, le 25 février dernier, il avait le plaisir d'être officiellement informé, par le président et le secrétaire du comité, que son étude avait reçu le premier prix, dans la section anglaise. C'est cet essai qu'il soumet aujourd'hui au public.

L'auteur, en publiant cette esquisse, ose espérer qu'il rencontrera, sur un champ bien plus vaste, des critiques aussi bienveillants que les juges du concours.

Quelles que soient les imperfections de son travail, il peut se rendre au moins le témoignage de s'être efforcé de faire ressortir, sous une forme véridique et sans prétention, les principaux faits qui se rattachent aux origines de l'histoire du Canada et de tracer une ébauche ressemblante et fidèle de la grande figure qui anime ce tableau, C'est dans ce but qu'il a étudié et comparé avec soin les documents originaux, et vérifié attentivement les plus petits détails, chaque fois qu'il lui a été possible de le faire.

L'auteur ne saurait laisser passer l'occasion qui se présente ici d'exprimer sa reconnaissance pour l'amabilité qu'il a toujours rencontrée auprès des bibliothécaires du Parlement, M.M. A. D. DeCelles et M. J. Griffin, ainsi que chez M. L. P. Sylvain, attaché à la Bibliothèque. À la générosité avec laquelle ces messieurs ont mis les ressources de la Bibliothèque à sa disposition et aux avantages qu'ils lui ont accordés pour les étudier, l'auteur doit une large part du mérite que peut avoir cet opuscule, son premier pas dans le domaine de la littérature.

JOSEPH POPE.

OTTAWA, *25 avril 1889.*

SOMMAIRES.

CHAPITRE I.

INTRODUCTION.

Introduction.—Premiers voyages en Amérique.—Comptes-rendus scandinaves.—Biarne.—Leif Eriksen.—Helluland.—Markland.—Vinland.—Traditions basques.—Les Cabots.—Gaspar Corte-Real.—Jean Denys.—Thomas Aubert.—Le baron de Léry.—Conquêtes des Espagnols.—Réveil des interêts français dans les découvertes maritimes.—Verrazzano.—Doutes sur l'authenticité de sa lettre.—Jacques Cartier.

CHAPITRE II.

LE PREMIER VOYAGE.

Naissance de Jacques Cartier.—Sa généalogie.—Sa jeunesse.—Mariage.—Il est présenté au Roi.—Préparatifs pour un voyage en Amérique.—Départ de Saint-Malo.—Arrivée au cap de Bonavista dans l'île de Terreneuve.—Le havre de Sainte-Catherine.—L'Ile des Oiseaux.—Un ours.—Carpont.—*La baye des Chasteaulx*.—Il traverse le détroit de Belle-Isle.—Le port de Brest.—Preuves que les pêcheurs basques avaient déjà visité le détroit.—Le cap Double.—Course le long de la côte occidentale de Terreneuve.—Le cap Saint-Jean.—Les îles de la Madeleine.—Description de la côte occidentale de l'île du Prince-Edouard.—La rivière Miramichi.—*La baye de Chaleur*.—Entrevue avec les sauvages.—Percé.—Gaspe.—Rencontre d'autres sauvages.—Il fait ériger une croix.—S'empare de deux sauvages.—Course le long de l'île d'Anticosti.—Dé ibérations.—Retour en France décidé.—*Le destroyt Saint-Pierre*.—Le cap Thiennot.—Arrivée à Saint-Malo.

CHAPITRE III.

LE DEUXIÈME VOYAGE.

Gracieux accueil du Roi.—Cartier reçoit une nouvelle commission.—Préparatifs d'un deuxième voyage.—*La Grande Hermine*—*La Petite Hermine*—*L'Emerillon*.—Départ de Saint-Malo.—Rendez-vous au Blanc-Sablon.—Le havre Saint-Nicholas.—La baie de Saint-Laurent.—Découverte de l'île d'Anticosti.—À la recherche d'un passage au Nord-Ouest.—Le Saguenay.—L'isle aux Coudres.—Cartier avait-il des prêtres avec lui?—L'île d'Orléans.—Donnacona.—Réception faite à Taignoagny et à Domagaya.—Le havre de Sainte-Croix.—Cartier choisit la rivière Saint-Charles pour y mettre ses vaisseaux.—Stadaconé.—Donnacona lui fait une visite en grande tenue.—Echange de civilités.—Les Sauvages cherchent à dissuader Cartier d'aller plus loin.—Leur stratagème déjoué.—Départ pour Hochelaga. Ochelay.—Obligé de laisser son navire près de l'embouchure du Richelieu.—Arrivée à Hochelaga.—Réception amicale par les sauvages.—Visite à la bourgade.—Description de cette bourgade.—Sa situation.—Fortifications.—À quelle tribu appartenaient ces sauvages?—L'Agouhanna.—Sa rencontre avec Cartier.—On apporte des malades à Cartier pour qu'il les guérisse.—Il s'efforce de leur donner quelque connaissance de la religion Chrétienne.—Visite au Mont Royal.—La rivière Ottawa.—Départ d'Hochelaga.—Rivière de Fouez.—Retour au havre de Sainte-Croix.

CHAPITRE IV.

LE DEUXIÈME VOYAGE (suite).

Visite à Stadaconé.—Description de la ville.—Les Trudamans. Histoire du massacre.—Habitants de Stadaconé.—Culte religieux.—Mœurs et coutumes des sauvages —Le Petun. L'Esurgny.—Histoires merveilleuses sur le pays du Saguenay.—L'hiver s'annonce.—Neiges et gelées.—Le scorbut.—Etat pitoyable des Français.—Ils implorent le secours d'en haut.—Service religieux.—Le remède est trouvé.—Guérison.—Premiers signes du printemps.—Préparatifs du retour en France.—Abandon de la *Petite Hermine*.—Conduite alarmante des Sauvages.—Cartier projette d'enlever Donnacona.—Sa conduite en cette circonstance.—Erection d'une croix.—Prise de possession du pays au nom du roi de France.—Les chefs sont faits prisonniers.—Départ de Sainte-Croix.—Arrivée à Saint-Malo.

CHAPITRE V.

LE TROISIÈME VOYAGE.

Cartier fait rapport de son voyage au Roi.—Retard dans le renouvellement de sa commission.—Causes probables du délai.—Préparatifs d'un troisième voyage.—Départ de Cartier.—Arrivée à Stadaconé.—Entrevue avec Agona.—Choix du Cap Rouge comme quartiers d'hiver.—Cartier renvoie deux vaisseaux en France.—Charlesbourg-Royal. —Visite à Hochelaga.—Le Seigneur de Hochelay.—Les Sauts —Hypocrisie des sauvages.—Retour à Charlesbourg-Royal.—Préparatifs de défense.—Fin de la relation de Cartier.—Départ de Roberval de La Rochelle.—Il rencontre Cartier à St. Jean de Terreneuve.—Cartier retourne en France.—Prétendus motifs de sa conduite.—A quelle date Roberval fit-il son voyage?

CHAPITRE VI.

DERNIERS ACTES DE LA VIE DE JACQUES CARTIER.

Retour du troisième voyage.—Reddition des comptes devant une commission royale.—Preuves d'un quatrième voyage. Sa date probable.—Vie privée de Cartier.—Sa résidence a Saint-Malo.—Limoilou.—Cartier reçut-il des lettres de noblesse?—Fondation d'un 'Obit.'—Mort de Jacques Cartier. —Son éloge.—Conclusion.

CHAPITRE I

AVANT-PROPOS.

Remarques préliminaires.—Premiers voyages en Amérique. —Comptes-rendus scandinaves.—Biarne.—Leif Eriksen. —Helluland.—Markland.—Vinland.—Traditions basques. —Les Cabots.—Gaspar Corte-Real.—Jean Denys.—Thomas Aubert.—Le baron de Léry.—Conquêtes des Espagnols.—Réveil de l'esprit français pour les découvertes maritimes. —Verrazzano.—Doutes sur l'authenticité de sa lettre.—Jacques Cartier.

DANS son admirable étude sur lord Clive, Macaulay s'étonne que, tandis que l'histoire des conquêtes des Espagnols en Amérique est familière au plus grand nombre des lecteurs, on soit si peu renseigné en Angleterre, même parmi la classe instruite, sur les prodiges de valeur qu'ont accomplis les Anglais dans la conquête de l'Inde ; et c'est avec raison, suivant nous, qu'il attribue cette étrange anomalie à la disparité entre les historiens de ces deux grands évènements. Il est impossible de lire les ouvrages de Prescott, sans s'attacher vivement à son récit des conquêtes de Cortez ou de Pizarre. Au contraire, les historiens des victoires anglaises dans l'Orient pêchent par une lourdeur de style qui ne peut que dégouter le lecteur ordinaire. Lord Macaulay lui-même a certainement contribué à faire naître le goût pour l'étude des affaires d'orient, mais si l'éminent historien vivait encore, nous pourrions lui signaler un contraste bien plus frappant que celui que lui suggérait l'ignorance, parmi la classe moyenne, en Angleterre, des événements et des peuples de l'Inde. Nous voulons parler ici du peu de renseignements que les Canadiens et surtout les Canadiens anglais possèdent sur la période de notre histoire qui précède l'épopée de Wolfe et de Montcalm.

Le Canadien qui sait à peine comment et par qui le pays qu'il habite a été racheté de la barbarie et du paganisme, est bien moins excusable que ne l'était l'ouvrier anglais, au temps de Lord Macaulay, qui aurait trouvé difficile de dire le nom du vainqueur à la bataille de Buxar, ou si le Surajah Dowlah régnait sur l'Oude ou sur le Travancore. Car il ne faut pas oublier qu'avant l'ère de la vapeur et de l'électricité, l'Inde était considérée comme un pays qu'habitait, aux extrémités du globe, une race étrange, dont on connaissait peu de chose et que l'on comprenait encore moins. Bien plus, des mois s'écoulaient avant que le peuple anglais apprît le résultat des batailles livrées dans l'Hindoustan, les noms des royaumes perdus ou conquis; et pour le public en général le récit d'événements qui datent de six mois est rarement de nature à provoquer beaucoup d'intérêt. Il est donc facile de s'expliquer comment le public anglais n'attacha qu'une importance bien secondaire aux affaires de l'orient lointain jusqu'à ce que les indicibles horreurs de la révolte des Sepoys vinrent le tirer de son apathie.

Mais comment expliquer l'indifférence de la grande majorité des Canadiens pour les origines de l'histoire de leur pays? Car *nous avons* réellement une histoire, une épopée remplie d'actions d'éclat, de brillants faits d'armes et de dévouements héroïques qui se sont accomplis, non pas à des milliers de lieues au delà des mers, mais sur le sol même que nous foulons aux pieds. A peine peut-il s'écouler un jour sans que les citoyens de Québec ou de Montréal jettent les yeux sur des monuments ou des sites rendus à jamais mémorables par la piété ou le dévouement de leurs ancêtres : sites auxquels se rattache, pour eux, la mémoire de morts illustres, mais qui sont dénués d'intérêt pour les touristes de passage chez lesquels ils ne réveillent aucun souvenir et pour lesquels ils sont sans histoire.

Grâce au dévouement infatigable d'un certain nombre de nos hommes de lettres, cet état de choses s'est bien amélioré depuis quelques années ; cependant, malgré les efforts de Mr LeMoine et de quelques autres écrivains pour populariser le récit de la fondation de la colonie française en Canada, (sans mentionner Frs Parkman qui a le talent tout spécial d'orner la narration de faits historiques du charme d'un style très poétique,) nous croyons pouvoir dire que sur cent personnes prises au hasard, en Canada, il pourrait à peine s'en trouver une seule en état de donner, sur-le-champ, le nom du général anglais qui disputa à Champlain la possession de Québec, de nommer le fondateur de Montréal, de dire ce qu'il faut entendre par la conspiration de Pontiac, ou quel fut celui qui le premier annonça l'Evangile sur les bords du lac Huron ?

L'histoire de la découverte et de l'occupation du Canada par les Français est, comme nous l'avons dit, très mouvementée. Les conquêtes des Espagnols en Amérique peuvent fournir de plus brillants faits d'armes, mais les annales de la Nouvelle-France ne sont point assombries par ces horribles récits où la cruauté et l'avarice ont terni à jamais la gloire des armes de l'Espagne. Les *Conquistadores* Espagnols du 16e siécle (à quelques exceptions près) étaient dévorés par la soif de l'or ; toutes leurs actions furent subordonnées à cette misérable pasion. Et pour arriver à leur but, il ne leur en coûta rien de sacrifier ce qu'il y a de plus cher à l'homme d'honneur ; aussi l'histoire de leur passage dans le Nouveau-Monde n'est que trop souvent caractérisée par la perfidie et l'intrigue.

La conduite des *Pionniers de la France dans le Nouveau-Monde* fut bien différente. Sans compter la passion des aventures et la noble ambition d'étendre au loin la domination du Roi, dont tous les explorateurs à cette époque étaient animés, il y eût toujours chez eux un ardent désir de porter la connaissance de la foi chrétienne jusque dans les profondeurs inexplorées des forêts de l'ouest. Ils avaient à cœur de communiquer la grâce des sacrements aux sauvages grossiers qu'ils rencontraient et de remplacer les abominations du paganisme par les cérémonies sublimes de la religion catholique.

La persévérance inébranlable, la parfaite abnégation, le courage et le dévouement héroïques dont ont fait preuve les missionnaires jésuites au Canada, dans la prédication de l'évangile aux Sauvages, s'imposent à l'admiration de ceux qui étudient l'histoire de leurs travaux ; et tant que vivra la nation canadienne, les noms de Isaac Jogues, de Charles Garnier, de Jean de Brébeuf, de Gabriel Lalemant et de leurs compagnons seront vénérés, surtout parmi ceux qui professent la foi pour laquelle ces illustres serviteurs de Dieu, après de nombreuses années de misères et d'épreuves, sans aucun espoir des récompenses d'ici-bas, se dévouèrent à la mort la plus cruelle.

Mais tout en rendant justice à ces hommes de dévouement, personnifications de l'esprit évangélique dans sa plus sublime manifestation, il n'en est pas moins vrai que cette noble ambition de convertir les sauvages au christianisme, qui fut la passion dominante de toute leur vie, remplissait aussi les cœurs, animait et guidait la conduite d'un bon nombre de ces vaillants soldats et marins de la France qui foulèrent le sol canadien aux débuts de notre histoire ; et parmi ces derniers, il n'en est peut-être pas un chez qui cet esprit se manifesta d'une façon plus remarquable que chez l'intrépide aventurier qui fut le premier à explorer notre majestueux Saint-Laurent et ouvrit ainsi la porte du Canada au monde européen. Inutile de dire que nous voulons parler du célèbre navigateur de Saint-Malo, dont nous allons esquisser la vie et les voyages.

Quand et par qui l'Amérique a-t-elle été révélée aux Européens ? voilà une question qu'il est encore permis de discuter, quoique de fait, les historiens reconnaissent unanimement que ce fut par Christophe Colomb, en 1492, toute opinion contraire étant purement hypothétique. Car il est admis aujourd'hui qu'antérieurement à cette date, on ignorait l'existence d'un vaste continent situé par delà la mer de l'ouest, s'étendant d'un pôle à l'autre, abondamment pourvu de richesses naturelles, jouissant d'une grande variété de climats et capable de subvenir aux besoins de millions d'habitants. Il y avait, sans doute, de vagues traditions de voyages entrepris par des Européens vers des terres inconnues situées à l'ouest, traditions plus ou moins dignes de foi et dont l'enchaînement nous reporte aux légendes fabuleuses de l'antiquité. Parmi ces traditions, il s'en trouve cependant quelques-unes qui semblent appuyées sur des documents respectables.

C'est un fait admis aujourd'hui que, plusieurs siècles avant Christophe Colomb, les Scandinaves fondèrent des colonies en Islande et au Groënland, et il ne nous semble pas improbable que quelques-uns de ces hardis explorateurs aient poussé plus loin leurs courses aventureuses et reconnu certaines parties du continent américain. Il est même prouvé que l'un d'eux nommé Biarne, étant parti de l'Islande pour se rendre au Groënland, fut poussé vers le sud par des vents contraires et qu'il découvrit des terres jusqu'alors inconnues. Après de nombreuses péripéties, il revint heureusement dans son pays où il étonna ses concitoyens par le récit de ses aventures. Parmi ses auditeurs se trouvait Leif, fils d'Eric le Rouge qui avait découvert le Groënland quatorze ans auparavant. Ce récit fit une telle impression sur Leif qu'il acheta le vaisseau de Biarne, sur lequel il réunit un équipage de trente-cinq hommes, et partit, vers l'an 1000, pour continuer les découvertes de ce dernier.

Après avoir navigué pendant un certain temps, ils arrivèrent en vue du pays reconnu par Biarne et, contrairement à ce dernier qui n'y avait jamais mis les pieds, ils débarquèrent sur une terre déserte et inhospitalière à laquelle ils donnèrent le nom de *Helluland* (c'est-à-dire, terre de roches). Ils remirent ensuite à la voile et visitèrent une autre région, offrant un terrain plat et couvert de forêts ; ils l'appelèrent *Markland* (pays à bois). Continuant leur course et poussés par un vent du nord-est, ils atteignirent, au bout de deux jours, un pays beaucoup plus agréable, où le maïs et les vignes sauvages croissaient en abondance, c'est pourquoi ils le nommèrent *Vinland* (terre des vignes). Ils y passèrent l'hiver et y établirent une colonie.

Plusieurs historiens sont d'opinion que *Helluland* pourrait se rapporter à Terreneuve, *Markland* à la Nouvelle-Ecosse et *Vinland* au voisinage du Rhode-Island. D'autres ne croient pas pouvoir adopter cette conclusion et prétendent que ces *Vikings* n'ont jamais poussé leurs courses au delà du détroit de Belle-Isle. La solution de ce problème historique dépend en grande partie de l'interprétation de deux mots islandais. Dans la Saga d'Eric-le-Rouge, traduite par Rafn, il est fait mention que, pendant le jour le plus court de l'année, à Vinland, le soleil demeurait au dessus de l'horizon depuis sept heures et demie du matin jusqu'à quatre heures et demie de l'après midi. Le mot '*eyktarstad*,' que l'on a traduit par quatre heures et demie ne voudrait dire que trois heures et demie dans le vieux dialecte norse, selon l'interprétation de certains philologues. Quant à la traduction du mot *dagmala-stad* par sept heures et demie, elle ne nous paraît pas généralement acceptée ; certains auteurs prétendent que ce mot est souven employé pour neuf heures a.m., mais les calculs astronomiques établissent que si le coucher du soleil au solstice d'hiver avait lieu à 3.30 p.m., le lever devait avoir lieu non pas à sept heures et demie mais bien à 8.30 a.m. Ceci ne donnerait que sept heures pour le jour le plus court et nous obligerait de placer Vinland dans le voisinage du 56° degré de latitude ou dans la partie nord de la côte du Labrador, ce qui nous parait bien plus vraisemblable qu'en aucun autre endroit aux environs du Rhode Island.[1]

NOTE 1.—Mr. E. N. Horsford a traité au long ce point important, dans une lecture intitulée "Discovery of America by Northmen," publiée en 1889. On peut aussi consulter un article de Mr. Thomas Wentworth Higginson, paru dans le 'Harper's Magazine' de septembre 1882, sous le titre de "The visit of the Vikings."

A une époque plus rapprochée, nous trouvons que les pêcheurs basques, normands et bretons fréquentaient les bancs de Terreneuve bien avant la découverte de l'Amérique par Christophe Colomb. Et il est aujourd'hui reconnu que quelques années après cet événement, ils étaient en grand nombre, non-seulement sur les bancs de Terreneuve, mais aussi dans le détroit de Belle-Isle et, en remontant le Saint-Laurent, jusqu'au Saguenay ; quant à leurs premières explorations, il est difficile d'en établir la date précise.

Après les voyages de Colomb, dont la mention n'entre dans le cadre de ce travail que pour établir une ligne de séparation entre la tradition et l'histoire, nous arrivons à Jean Cabot, le premier Européen qui ait visité les côtes de l'Amérique du Nord.

Cabot était un marchand vénitien et demeurait à Bristol, en 1494. Les merveilleuses histoires de la découverte d'un monde nouveau qui étaient déjà dans toutes les bouches, fascinèrent singulièrement son esprit ; lui aussi, il allait s'élancer à la recherche de terres nouvelles. Sans plus tarder, il soumit son projet à Henri VII, roi d'Angleterre, qui lui accorda ainsi qu'à ses trois fils, Louis, Sébastien et Sancius, des Lettres Patentes,[2] en date du 5 Mars 1496, par lesquelles il était autorisé à s'emparer, occuper et prendre possession de toutes les terres nouvelles qu'il découvrirait, à ses frais et dépens ; néanmoins, le Roi se réservait un cinquième des profits de l'expédition.

Munis de ces pouvoirs, Jean Cabot et son fils Sébastien

NOTE 2.—Le texte de la Commission de Henri VII à Jean Cabot et à ses fils se trouve dans le troisième volume de la collection de voyages de Hakluyt. Elle commence ainsi : "Dilectis nobis Ioanni Caboto ciui Venetiarum, Lodouico, Sebastiano, & Sancio, filiis dicti Ioannis, & eorum ac cuiuslibet eorum hæredibus & deputatis." Elle est datée : "Apud Westmonasterium quinto die Martii anno regni nostri vndecimo."

partirent de Bristol dans le " Matthew," au printemps de 1497, en quête de pays inconnus. Quant aux frères de Sébastien, l'histoire se tait sur leur compte. Dirigeant leur course au nord de celle suivie par Christophe Colomb, ils arrivèrent, le 24 Juin 1497, en vue d'une terre qu'ils nommèrent *Prima Vista.* Les historiens contemporains de Cabot placent cette *terra primum visa* sur la côte du Labrador ; mais si la carte de 1544, que l'on attribue à Sébastien Cabot, est authentique, la première terre découverte par les explorateurs fut l'extrémité nord-est du Cap-Breton.[3]

Dans le voisinage, ils reconnurent une île assez étendue, (probablement quelque partie de Terreneuve que Cabot représente sur sa carte comme un amas d'îles). Ils la nommèrent Saint-Jean, en l'honneur du saint dont on faisait la fête ce jour-là. Les habitants de l'île étaient vêtus de peaux de bêtes, "lesquelles," dit Cabot, "ils estiment autant que nos plus beaux habillements." Ils étaient aussi bien pourvus d'armes grossières. Le poisson se trouvait en abondance, surtout une espèce que les sauvages appelaient *Baccalaos*, et certains oiseaux carnivores. Ou prétend que ce mot Baccalaos veut dire morue, dans le vieil idiome basque, et le fait que Cabot l'aurait trouvé en usage parmi les naturels de Terreneuve prouverait que la tradition de découvertes antérieures par les Basques ne serait pas sans fondement.[4]

NOTE 3.—Dans une lettre intituiée "*John Cabot's Landfall*," qu'il adressait en 1885, au juge en chef Daly, Président de la Société de Géographie Américaine, Mr. Eben Norton Horsford examine cette question, et il arrive à la conclusion que l'endroit où Jean Cabot mit pied à terre, en 1497, ne peut être que Salem Neck dans le Massachusetts, sous la latitude 42° 32'. D'après Mr. Horsford, la première terre découverte par Cabot serait le cap Anne ou les monts Agamenticus.

NOTE 4.—L'extrait suivant de Don Quichotte—1ère partie, chapitre 2—n'est pas sans intérêt, puisqu'il sert à montrer que le mot Baccalaos était employé, en Espagne, pendant le 16e siécle.

" Par fortune ce jour était un vendredi, et il n'y avait dans toute l'hotellerie

Il est cependant permis de douter de l'assertion de Hakluyt, qu'il répète par deux fois dans son récit des voyages de Cabot, que le mot Baccalaos était employé à cette époque par les sauvages de Terreneuve. Certains historiens prétendent que les indigènes de l'Amérique du Nord se servaient du mot *Apegé* pour désigner une morue ; d'un autre coté, Cartier nous apprend que dans le pays qu'il venait de découvrir, le mot *Gadagoursere* était employé par les sauvages dans le même sens.

Le retour de Cabot en Angleterre se fit heureusement ; le roi le créa chevalier, et lui accorda une nouvelle commission avec des pouvoirs plus amples que ceux contenus dans la première. Il mourut, cependant, sur ces entrefaites, et son fils Sébastien reçut l'ordre de prendre le commandement de cette expédition. Ce dernier fit plusieurs autres voyages à la recherche du fameux passage à la Chine, ou au Cathay, comme on l'appelait alors ; au retour d'un de ces voyages, il ramena avec lui trois hommes vêtus de peaux, qu'il avait "pris dans l'île nouvellement découverte, lesquels mangeaient de la chair crue et parlaient un langage que personne ne pouvait comprendre." Il paraîtrait que ces sauvages s'adaptèrent assez facilement à leur nouvelle manière de vivre, car après avoir décrit leurs mœurs brutales et leur apparence grossière, l'auteur ajoute que, les ayant rencontrés deux ans plus tard, habillés à l'européenne, il eut grand peine à les reconnaître. Il n'est nulle part affirmé d'une manière positive que Jean ou Sébastien Cabot ait mis pied à terre sur les côtes du Nouveau-Monde, quoique d'après

---

que quelques morceaux d'un poisson que l'on nomme *Abadejo* en Castille, et *Baccalao* en Andalousie, etc., lequel était mal dessalé et plus mal cuit," comme il est dit plus loin.

la suite du récit il semble probable que Sébastien débarqua quelque part, lors de son second voyage.

A peu près vers le même temps (en 1500), Gaspar de Corte-Real, gentilhomme portugais, visita les côtes du Labrador, d'où il ramena en Portugal une cargaison de naturels du pays, destinés à être vendus en esclavage. Cette transaction paraîtrait avoir été le principal but de son voyage et on prétend même que le nom de '*Terra da Laborador*' aurait été donné par les marchands d'esclaves portugais, sous l'impression que le peuple qu'ils avaient ainsi découvert était spécialement adapté aux travaux manuels. Ce commerce ne prit cependant aucune extension. Corte-Real périt en mer l'année suivante, et les Portugais, séduits par les merveilleuses descriptions des richesses des Indes, selon le terme de l'époque, abandonnèrent leurs droits sur une région aussi inhospitalière que le Labrador, laissant le chemin libre à des successeurs plus généreux et plus humains. On prétend que Corte-Real découvrit le golfe Saint-Laurent ; selon nous, cet honneur reviendrait également à Sébastien Cabot, et mieux encore à Jean Denys, de Honfleur, qui publia en 1506 une carte de Terreneuve et de ses environs.

En 1508, Thomas Aubert, pilote de Dieppe, visita aussi le golfe ; et, s'il faut en croire les annales de cette ville, il aurait remonté le fleuve Saint-Laurent jusqu'à quatre-vingt lieues de son embouchure. Quelques années plus tard, nous voyons le baron de Léry tenter un essai infructueux de colonisation sur l'île de Sable.

Jusqu'ici les rois de France avaient témoigné pour ces explorations une apathie qui contraste singulièrement avec le zèle que déployèrent leurs successeurs pour tout ce qui se rattachait au Nouveau-Monde. Les guerres qu'ils eurent à soutenir à cette époque contre les puissances étrangères, et qui ne leur laissèrent guère de loisirs pour des occupations plus paisibles, expliquent naturellement cette indifférence plus apparente que réelle.

En 1515, François Ier monta sur le trône laissé vacant par la mort de Louis XII. Quelques années plus tard, le bruit des exploits de Cortez retentissait par toute l'Europe, et l'Espagne s'enrichissait des précieuses dépouilles du Mexique que devaient bientôt suivre les trésors du Pérou. L'histoire nous apprend, qu'enflammé d'une noble émulation par le bruit des conquêtes espagnoles, François Ier voulut tenir tête à son rival dans les découvertes maritimes, comme ailleurs, et que, dans ce but, il fit équiper quatre navires qu'il plaça sous le commandement d'un nommé Giovanni da Verrazzano. Ce navigateur florentin avait, parait-il, accompagné Aubert dans un de ses voyages en Amérique, en 1508.

Verrazzano partit de Dieppe, vers la fin de 1523, avec les navires que lui avait confiés le roi. En face des côtes de Bretagne, il fut attaqué par une violente tempête qui le força à se refugier dans un port voisin pour y réparer les dommages causés à deux de ses vaisseaux ; le sort des deux autres n'est pas connu. Il entreprit ensuite une croisière sur les côtes d'Espagne, où il fit des prises considérables. Peu de temps après, ayant renvoyé un de ses navires en France, probablement pour y porter son butin, il mit à la voile pour le Nouveau-Monde sur celui qui lui restait. La chronique rapporte qu'après une longue navigation, il arriva en vue " d'une terre nouvelle, qu'aucun homme soit ancien ou moderne n'avait encore jamais vue." On croit devoir placer cette terre sous le 34° degré de latitude, ce qui correspond à la hauteur du cap Fear, dans la Caroline du Nord. Il remonta vers le nord, longeant la côte, sur une étendue assez considérable, jusqu'à ce qu'il reconnût "la terre que les Bretons avaient découverte dans les temps passés." Ce pays se trouverait sous le 50° degré de latitude. Après avoir ravitaillé son navire, il conclut qu'il était temps de retourner en France.

La seule relation que nous possédons de ce voyage se trouve dans une lettre que Verrazzano aurait adressée, de Dieppe, au roi de France, le 8 juillet 1524. On a dernièrement mis en doute l'authenticité de ce document, longtemps reconnu comme digne de foi. L'examen de cette question étant hors du cadre de notre travail, il nous suffira de dire qu'une étude attentive de cette lettre, telle que nous la trouvons dans Hakluyt et ailleurs, aussi bien que sa comparaison avec les relations de Jacques Cartier et celles d'autres explorateurs contemporains, sont loin de confirmer notre croyance en son authenticité. Toute cette question est remplie d'obscurité. Il n'y a rien dans l'histoire de France qui confirme que François Ier ait jamais confié une mission de cette nature à Verrazzano, qu'il ait pris connaissance d'une telle découverte, ni qu'il ait cherché à en tirer profit par la suite. Bien plus, les causes qui empêchèrent les souverains de France de prendre une part active à ces entreprises se faisaient surtout sentir à l'époque du voyage de Verrazzano. Notre appréciation de ce fait, différant de celle généralement admise, c'est avec beaucoup de réserve que nous émettons l'opinion que ce fut seulement après son retour de Pavie que François Ier commença à s'occuper de découvertes maritimes. Il aurait été grandement encouragé dans cette voie par son ancien ami et compagnon d'armes, Philippe de Chabot, sieur de Brion, qu'il avait fait amiral de France, à son retour d'Espagne, en 1526. Ce dernier obéissait ensuite aux pressantes sollicitations de Jacques Cartier, alors reconnu pour un des plus habiles navigateurs des mers du nord et une des célébrités de la ville de Saint-Malo.

CHAPITRE II.

LE PREMIER VOYAGE.

Naissance de Jacques Cartier.—Sa généalogie.—Sa jeunesse.—Mariage.—Il est présenté au Roi.—Préparatifs pour un voyage en Amérique.—Départ de Saint-Malo.—Arrivée au cap de Bonavista dans l'île de Terreneuve.—Le havre de Sainte-Catherine.—L'Ile des Oiseaux.—Un ours.—Carpont.—*La baye des Chasteaulx*.—Il traverse le détroit de Belle-Isle.—Le port de Brest.—Preuves que les pêcheurs basques avaient déjà visité le détroit.—Le cap Double.—Course le long de la côte occidentale de Terreneuve.—Le cap Saint-Jean.—Les îles de la Madeleine.—Description de la côte occidentale de l'île du Prince-Edouard.—La rivière Miramichi.—*La baye de Chaleur*.—Entrevue avec les sauvages.—Percé.—Gaspé.—Rencontre d'autres sauvages.—Il fait ériger une croix.—S'empare de deux sauvages.—Course le long de l'île d'Anticosti.—Délibérations.—Retour en France décidé.—*Le destroyt Saint-Pierre*.—Le cap Thiennot.—Arrivée à Saint-Malo.

JACQUES CARTIER naquit à Saint-Malo, en l'année 1491. Vu la forme incomplète sous laquelle les registres de l'état civil de cette époque nous sont parvenus, il a été jusqu'à présent impossible de trouver son acte de baptême. Et ce n'est que par hasard qu'on est arrivé à connaître l'année de sa naissance. On avait cru pendant longtemps pouvoir fixer cette date au 31 décembre 1494; mais certains documents, récemment mis au jour à Saint-Malo, détruisent cette opinion et nous permettent de reporter cet évènement à l'année 1491. Ainsi, un de ces documents, daté le 23 décembre 1551, porte: "*Jac Cartier, LX. ans, juré.*" Un autre, du 2 janvier 1548, mentionne: "*Jacques Cartier, LVI ans, juré,*" et un troisième, en date du 6 juin 1556, lui attribue soixante-quatre ans. Nous croyons donc pouvoir conclure, en toute sureté, qu'il est né dans le période comprise entre le 7 juin et le 23 décembre de l'année 1491.[5]

Voici un exemple de la manière dont on enregistrait parfois les baptêmes dans la ville de Saint-Malo, à cette époque:

" 4 *Décembre*, 1458.

"Die quartâ mensis decembris baptizatus extitit *Cartier* quem levârunt de sacro fonte Stephanus Baudoin compater principalis et Petrus Vivien et Catharina Frete minores, (compatrones et commatrones).

YUGUES GUERRIER,
fecit."

Quelques historiens prétendent que cet acte de baptême est celui du père de Jacques Cartier, et la chose paraît

NOTE 5. La raison principale, sur laquelle on s'appuie pour fixer la date de la naissance de Jacques Cartier au 31 décembre 1491, repose seulement sur le fait que, sous cette date, l'acte suivant apparaît sur les registres de l'état civil de Saint-Malo:

"Saint-Malo, 31 Décembre, 1494.

"*Le XXXI jour de Décembre* fut baptizé *un fils à Jamet Quartier et Geseline Jansart*, sa femme, et fut nommé par Guillaume Maingart principal Compère et petit compère Raoulle (Raoul) Perdriel."

Voilà le seul acte d'un baptême dans la famille Cartier que nous trouvions à cette époque; et sans autre preuve, on a conclu que ce devait être celui de Jacques Cartier. Il est vrai que par son acte de mariage on voit que Cartier est le fils de Jamet Cartier (ou Quartier comme on l'écrivait quelques fois) et de Geseline Jansart, mais il faut bien remarquer que cet acte de baptême ne donne point le nom de l'enfant. Il faut donc qu'il se rapporte à l'un des frères de Jacques Cartier, puisque, comme nous l'avons démontré, Cartier naquit en 1491, année pour laquelle les registres de Saint-Malo manquent complètement, car la lacune s'étend de 1472 à 1494.

assez probable, mais l'acte en lui-même ne saurait établir cette assertion. Le registre ne donne pas le nom de l'enfant; même silence sur le nom du père et de la mère. D'autres documents nous apprennent, cependant, qu'un Jean Cartier, né à Saint-Malo, en 1428, épousa Guillemette Baudoin, en 1457, dont il eut quatre garçons : Jamet, Jean, Etienne et Pierre. Jamet, l'aîné, épousa Geseline Jansart, et c'est de cette union que notre illustre navigateur naquit en 1491.[6]

Nous ne connaissons rien des premières années de Cartier. Il les passa sans doute sur la mer, peut-être à naviguer sur la Manche. Il y a même tout lieu de croire que, vers cette époque, il dut faire plusieurs voyages aux bancs de Terreneuve, en compagnie des pêcheurs bretons qui, comme nous l'avons vu, fréquentaient le littoral du Nouveau-Monde, à l'époque de la jeunesse de Cartier.

En 1519, il épousa Marie-Catherine des Granches, fille du chevalier Honoré des Granches, connétable de la ville de Saint-Malo.[7]

NOTE 6.—Nous n'avons point la date du mariage du père et de la mère de Cartier. Ses aïeuls furent mariés le 2 Novembre 1457, et l'on suppose que celui qui fut son père naquit le 4 décembre 1458.

NOTE 7.—Dans le testament de Cartier (voir appendice K), il est fait mention du père de sa femme sous le nom de Jacques des Granches.

Voici l'acte de mariage de Cartier :

"2 *May*, 1519.

....

....Reçurent la bénédiction nuptiale *Jacques Cartier* maistre pillote ès port de Sainct-Malo, fils de Jamet Cartier et de Geseline Jansart, et Marie Katerine Des Granches, fille de Messire Honoré Des Granches, chevalier du Roy nostre Sire et connestable de la ville et cyté de Sainct-Malo et de" ....

....

....

Il n'est pas établi d'une manière bien claire que la date du "2 May 1519" se rapporte à cet acte. Si elle se rapporte à un autre et que le mariage ait eu lieu plus tard, (comme il est probable) il importe peu ; mais si c'est le contraire on peut se demander s'il ne faudrait pas le fixer à l'année 1520. Car, alors à Saint-Malo, l'année commençait toujours à Pâques, au lieu d'au 1er janvier comme à présent. En 1519, Pâques tombait le 24 avril ; or, si le mariage eut lieu pendant le période comprise entre le 1er janvier et le 23 avril 1520, on aura dû l'enregistrer sous l'année 1519.

La position sociale de la famille des Granches était bien supérieure à celle de Cartier, et c'est à l'honneur du jeune " maître pilote " d'avoir mérité que le vieux chevalier ne crut point déroger en lui accordant la main de sa fille.

Ce mariage fut heureux, autant qu'il est possible d'en juger, et, pendant trente-huit années, aucun nuage ne vint assombrir cette union. Il ne manqua qu'une chose à leur bonheur : ils n'eurent point de famille et Cartier mourut sans laisser d'héritiers en ligne directe.

Dans la relation de ses voyages, il donne à entendre en différents endroits, quoique bien indirectement, qu'il aurait fait un voyage au Brésil, dans sa jeunesse.[8] Si ce voyage eut lieu, il faudrait le placer entre les années 1526 et 1529. Le registre des baptêmes atteste que Cartier était présent à Saint-Malo, le 5 avril de la première année et le 30 avril de la dernière ; le silence se fait sur son compte entre ces deux dates. Le fait est que ce registre nous fournit le meilleur journal de la vie de Cartier. Il semble avoir pris un grand plaisir à assister aux baptêmes dans sa ville natale ; nous pouvons constater sa présence à ces cérémonies, au moins 54 fois, et sur ce nombre vingt-huit fois en qualité de parrain. D'abord, le 21 août 1510, il tenait sur les fonts baptismaux son neveu Etienne, fils de Jehan Nouel et de Jehanne Cartier ; et, la dernière fois qu'il fut parrain, ce fut pour

---

Note 8.—Ainsi, parlant de son premier voyage à Gaspé, il écrit : "Semblablement croît aussi en ce pais du mil gros comme pois, pareil à celui qui croît au Brésil," &c. (*Voyages de Cartier*, Ed. de 1843.)

Et lors de son second voyage à Hochelaga, il dit avoir remarqué : "belles grandes campagnes pleines de blé de leurs terres, qui est comme mil de Brésil," &c.

A Stadaconé il observe des terrains, "Où ils font le bled qu'ils appellent *Ozisy*, lequel est gros comme pois : et de ce même bled en croît assez au Brésil. (*Voyages de Cartier*, Ed. de 1843.)

"*Cedict peuple vit en cōmunaulté de biens assez de la sorte des Brisilās,*" &c.-- *Brief Recit.*

Michelle, fille de Jehan Gorgeu et de Martine Jalobert, qui fut baptisée le 17 novembre 1555. Il y a une entrée sur le registre qui peut avoir quelque rapport avec son voyage au Brésil. C'est l'acte de baptême, en date du 30 juillet 1528, d'une fille sous le nom de "Catherine du Brezil," et dont Catherine des Granches fut la marraine. Ne serait-ce pas là une jeune indienne ramenée du Brésil par Cartier, comme cela se pratiquait souvent alors. Par le fait que le nom de Catherine des Granches se trouve sur le registre, en cette occasion, il n'est point nécessaire d'en conclure que Cartier assistait à la cérémonie, car il y avait alors à Saint-Malo plusieurs personnes de ce nom ; mais comme le parrain, "Guyon Jamin," était parent de Cartier, la déduction nous semble assez naturelle.

Nous ignorons en quelle année et sous quelles circonstances le grand-amiral de France fit la connaissance de Cartier, et le présenta au Roi, comme un marin parfaitement qualifié pour continuer les explorations de découvertes au Nouveau-Monde. Il est également impossible de trouver la commission qui lui fut accordée pour ce voyage.[9]

Cartier doit avoir comparu devant le Roi avant le 19 mars 1533, car, à cette date, on le trouve à Saint-Malo reclamant l'aide de la Cour pour compléter les cadres de son équipage. Il est toutefois certain que le Roi fut si favorablement impressionné par la supplique de Cartier, qu'il approuva immédiatement son projet, et donna ordre de faire équiper, à ses frais, deux vaisseaux dont il lui donna le commandement, avec instructions de faire tout en son pouvoir pour découvrir le passage aux Indes Orientales que l'on cherchait en vain de-

---

NOTE 9—Il est probable que ce document jetterait de la lumière sur les découvertes de Verrazzano.

puis des années. Charles de Mouy, sieur de la Meilleraye et vice-amiral de France, qui se montra dans la suite le protecteur de Cartier, surveilla lui-même les préparatifs du départ. Suivant les ordres du Roi, Cartier se rendit à Saint-Malo, où il équippa deux navires de soixante tonneaux chacun, montés par soixante marins,[10] formant avec le chef de l'expédition soixante-un hommes en tout.

Après avoir investi Cartier du commandement absolu, le vice-amiral réunit les équipages et leur fit jurer solennellement de bien et fidèlement se comporter au service du Roi, sous la charge du dit capitaine Cartier.[11]

Les préparatifs étant terminés, Cartier mit à la voile et partit de Saint-Malo, le 20 avril 1534, en route pour les côtes de Terreneuve. La traversée fut heureuse, et aidés par un vent favorable, le 10 mai suivant, ils arrivaient en vue du cap de Bonavista (Cap de Bonneviste R. O.). La saison n'étant pas assez avancée, les glaces flottantes empêchèrent les explorateurs d'entrer dans la baie ; ils firent alors voile vers le sud-est et jetèrent l'ancre dans un havre que Cartier nomma Sainte-Catherine,[12] probablement en l'honneur de sa femme. Dans la suite de cette étude nous verrons le capitaine breton, en plus d'une occasion, faire ainsi hommage à son épouse de témoignages d'une affection conjugale d'autant plus remarquable qu'elle se rencontre assez rarement chez les hommes qui suivent la carrière aventureuse qu'il avait choisie.

Ils s'arrêtèrent dix jours en cet endroit, et y réparèrent

NOTE 10.—Voir Appendice A.

NOTE. 11.—Voir Appendice B.

NOTE 12.—La *R. O.* dit :—"Vng haure nomme Saincte Katherine." Suivant l'édition de *1598* il faut lire :—"Vn port que nous nommasmes de S. Catherine."

leurs vaisseaux qui avaient nécessairement beaucoup souffert des glaces qui bordaient la côte. Le 21 mai, ils firent voile vers le nord-est et aperçurent bientôt l'île maintenant connue sous le nom de "Funk Island," latitude 49° 46', longitude 53° 11'. Cartier l'appela "l'Ile des Oiseaux," (Isle des Ouaiseaulx, R.O.) à cause de la grande quantité d'oiseaux de mer qu'il y trouva et dont il donne une description détaillée. Il remarqua de plus que, malgré que l'île soit à environ quatorze lieues de la terre ferme, (la distance est en réalité de trente-un milles marins) les ours s'y rendaient à la nage, en quête des oiseaux dont ils sont très friands. Et à l'appui de cette assertion, le chroniqueur ajoute que les matelots ayant interrompu le dîner d'un de ces visiteurs, l'animal, qu'il décrit "aussi gros que vache et aussi blanc que cygne," s'élança à la mer sous leurs yeux étonnés ; quelques jours après, ils le rejoignirent avec leurs navires, l'ours rivalisant de vitesse avec eux. Après une lutte acharnée, ils réussirent à s'en emparer, le dépecèrent et en trouvèrent la chair excellente.[13]

Continuant sa course vers le nord-ouest, Cartier arriva à l'entrée du détroit de Belle-Isle qu'il trouva remplie de glaces. Il s'arrêta dans la baie de Quirpon, qu'il appelle Carpunt, (*Rapont*, dans la R. O.) et y passa quelques jours à attendre le beau temps. Il y a dans ce havre une petite île que l'on trouve sur les cartes marines de Bayfield portant le nom de "Jacques Cartier Island ;" plus au sud-ouest on voit la "Rade de Jacques Cartier" (Jacques Cartier Road). Il est généralement admis que le cap Degrat, ainsi nommé par Cartier, n'est autre que le cap Bauld qui se trouve à la

NOTE 13.--Nous pouvons ajouter, sur bonne autorité, qu'il n'y a rien d'incroyable ni même d'improbable dans cette anecdote.

pointe nord de l'île de Quirpon ; cependant il nous paraît plus probable qu'il donna ce nom au promontoire qui fait partie de la côte orientale de l'île, lequel est bien plus élevé que le cap Bauld, puisqu'il atteint une hauteur de 500 pieds tandis que l'autre dépasse à peine 100 pieds d'élévation.

Arrivé à l'entrée du détroit de Belle-Isle, que les navigateurs connaissaient déjà sous le nom de "*La Baye des Chasteaulx*"[14], Cartier témoigne que le souvenir du foyer domestique est toujours présent à sa pensée ; il donne le nom de son épouse à une île des environs. Mais il nous est impossible de préciser quelle île, située au nord de Terreneuve reçut cette marque d'amitié. D'ailleurs la course du capitaine malouin, depuis son départ de l'île des Oiseaux jusqu'à son arrivée à la côte du Labrador, est une des pages les plus obscures de la relation de ce voyage. Aussi avons-nous consacré plus de temps à localiser l'île de Sainte-Catherine que nous n'aimerions à le confesser. Voici ce que dit la version d'Hakluyt sur ce point :

"Going from the point Degrad, and entring into the sayd bay toward the West and by North : there is some doubt of two Islands that are on the right side, one of the which is distant from the sayd point three leagues, and the other seven, either more or lesse than the first, being a low and plaine land, and it seemeth to be part of the maineland. I named it Saint Katherine's Island ; in which, toward the Northeast there is very dry soile : but about a quarter of a league from it, very ill ground, so that you must go a little about. The sayd Island and the port of Castles trend toward North North east, and South South west, and they are about 15 leagues asunder."

L'édition de 1598 donne en substance la même chose que ce qui précède, mais la " Relation Originale " s'exprime comme suit :

NOTE 14. – Voir appendice A.

" Partant de lappointe du Degrat et entrant en ladite baye, faisant l'Ouaist, vng quart du Norouaist, l'on double deux isles qui demeurent de babort, dont l'vne est à trois lieues de la dite pointe et l'autre enuiron sept lieues de la premiere, qui est," &c.

Les textes diffèrent ici sur deux points importants. Hakluyt dit : " *There is some doubt of,*" et la Relation Originale porte : " *l'on double.*" Hakluyt prétend que les îles sont à droite et la *R. O.* qu'elles sont à gauche.

Le rocher de Belle-Isle s'élève à 600 pieds audessus du niveau de la mer ; il est donc impossible que ce soit l'île de Sainte-Catherine que Cartier décrit : " une platte et basse terre ;" de plus, Belle-Isle n'apparaît point " estre de la grant terre" (R.O.), ou terre ferme ; ce ne peut être non plus l'île du Sacre qui a 269 pieds de hauteur. Immédiatement à l'ouest du cap Bauld il y a l'île Gull, l'île Verte et la petite île du Sacre, mais elles n'ont aucun point de ressemblance avec la description de l'île Sainte-Catherine par Cartier. Quant à l'île de Jacques-Cartier dont il a été fait mention plus haut, elle a environ un demi-mille de longueur et est relativement basse (138 pieds). Il faut ici remarquer que Cartier emploie souvent le mot 'île' dans un sens très large ; et il n'y aurait rien de surprenant si l'île de Sainte-Catherine n'était, après tout, qu'une pointe de la terre ferme, quoiqu'on puisse soulever de sérieuses objections contre une semblable interprétation.

Laissant derrière lui l'île de Terre-Neuve, Cartier se dirigea vers la côte du Labrador et reconnut le Port des Buttes (R.O.) ou des 'Gouttes' suivant d'autres versions, et le " Hable de la Balaine," (*Relation Originale*) ou Port des Balances, selon *Hakluyt* ; le premier porte aujourd'hui le nom de baie Verte et le second celui de baie Rouge.

Continuant dans la direction du sud-ouest, il arriva au

havre de Blanc-Sablon dont le nom n'a pas changé depuis. Au sud sud-ouest de ce havre, il mentionne deux les qu'il nomma, l'une, l'île au Bois (*Isle de Bouays*, dans la *Relation Originale* et Isle de Brest, dans *l'édition de 1598* ainsi que dans *Hakluyt*) et l'autre, l'île des Oiseaux [15] A une lieue plus à l'ouest, ils découvrirent "les Islettes," aujourd'hui la baie de Bradore, qu'il déclare être un meilleur havre que celui de Blanc-Sablon. La baie de Bradore fut longtemps après connue sous le nom de "*La Baie de Phêlypeaux*," où se trouvait le fort de Pontchartrain construit pour la protection des pêcheurs français.

Il est évident que cette partie de la côte était assez bien connue des Européens lorsque Cartier la visita, car la plupart des havres étaient déjà nommés. Ceci est surtout le cas pour le havre de Brest, rendez-vous important à cette époque, pour les pêcheurs basques qui fréquentaient ces parages. Un peu plus loin dans son récit, Cartier mentionne comme chose ordinaire la rencontre qu'ils firent d'un grand navire de La Rochelle, cherchant le port de Brest.[16]

On rapporte que vers la fin du 16e siècle, un fort en pierre fut construit à Brest ; il était défendu par des canons et protégeait une nombreuse population qui habitait sous ses murs. On a même porté le chiffre de ses habitants à 1000 âmes et plus. Il nous semble, cependant, très peu probable qu'au temps de la visite de Cartier, Brest fût autre chose qu'un rendez-vous d'été pour les pêcheurs basques et bretons qui, redoutant les attaques des Esquimaux et des autres tri-

---

NOTE 15.—L'île au Bois porte encore ce nom. L'île des Oiseaux s'appelle aujourd'hui l'île Verte.

NOTE 16.—Voir Appendice C.

bus sauvages, auraient été obligés de prendre des mesures pour se protéger. Le fort était situé vers le fond de ce que nous appelons aujourd'hui le "*Port du vieux Fort*", qui est une anse dans la baie des Esquimaux, lat 51° 24', long. 57° 48'. Depuis des années, le détroit de Belle-Isle était célèbre comme lieu de pêche pour la baleine et était, comme nous l'avons vu, très fréquenté par les Français, les Espagnols et les Basques ; le souvenir de ces voyages s'est conservé dans les nombreuses traditions que l'on retrouve sur ces côtes, et même, jusque sur les rives du grand fleuve.

En face des Trois-Pistoles, paroisse du comté de Témiscouata, il y a dans le Saint-Laurent une petite île que l'on appelle aujourd'hui "l'Ile aux Basques," sur laquelle on a découvert de grosses briques creuses, dont la présence en ce lieu est d'une grande importance pour les antiquaires. Les Basques ont dû s'en servir pour la construction de fourneaux destinés à réduire la graisse des baleines, marsouins, &c., qu'ils capturaient dans le voisinage de l'île. A cause de leur légèreté et par conséquent d'un transport plus facile, les briques creuses étaient de beaucoup préférables aux autres. L'on retrouve aussi, dans les environs, les vestiges des chauffaux dont se servaient les Basques pour sécher leur poisson, etc., surtout dans une petite île, sur la rive nord du Saint-Laurent, environ six milles à l'ouest de l'embouchure du Saguenay, et que l'on appelle encore "Echafaud à Basques." Il y a tout lieu de croire que ce sont les ruines d'établissements qui étaient en pleine activité avant l'arrivée de Cartier. La "Route des Basques," qui était connue sous ce nom du temps de Champlain, se voit encore sur les cartes modernes.

Il nous faut maintenant revenir à Jacques Cartier et à ses compagnons que nous avons laissés au havre de Brest, où ils s'arrêtèrent, le 10 juin, pour s'approvisionner d'eau et de bois. Le lendemain, jour de la fête de Saint-Barnabé, ils y firent célébrer le saint sacrifice de la messe. Nous reviendrons sur cette question plus tard ; qu'il nous suffise, pour le présent, de constater que c'est ici le premier acte de culte public, en ce pays, dont nos annales fassent mention. Nous disons le premier dont il soit fait mention, car on ne saurait douter que les raisons qui portèrent le pieux capitaine à faire dire la messe en cet endroit ont dû lui inspirer la même idée, un mois auparavant, dans la baie de Catalina, où il s'arrêta pendant dix jours, (y passant par conséquent un dimanche) et en d'autres endroits encore.

Après avoir laissé leurs navires dans le port de Brest, ils prirent leurs chaloupes et longèrent la côte, tirant à l'ouest. Ayant trouvé une baie de belle apparence, ils la nommèrent baie de Saint-Antoine, probablement la Rocky Bay d'aujourd'hui. Un peu plus loin, ils en découvrirent une autre à laquelle ils donnèrent le nom de baie de Saint Servan (actuellement connue sous le nom de baie des Homards). Au-delà de cette dernière, ils virent " un autre bon fleuve plus grand, auquel nous pêchames beaucoup de saumons." C'est dans cet endroit qu'ils aperçurent la 'grande nave,' de La Rochelle, qui cherchait sa route. D'après la *Relation Originale*, cette rivière doit se trouver *dix* lieues à l'ouest de Saint-Servan ; mais l'édition de 1598 et la version de Hakluyt ne donnent que *deux* lieues de distance, ce qui fait une différence considérable. S'il faut lire *dix* lieues, nous ne savons pas trop ce qu'a voulu dire Cartier. Ce pourrait être la baie de Shecatica, et le *bon hable* serait celui de Cumberland, quoique la distance de dix lieues soit bien trop grande pour s'appliquer à ces deux localités. S'il faut lire *deux* lieues, *le fleuve de Saint-Jacques* serait la baie de Napetepe et, dans ce cas, le havre qu'il place à une lieue plus loin, et qu'il estime être " un des meilleurs ports du monde," serait la baie de Mistanoque, dont l'entrée est protégée d'une manière remarquable par deux îles, hautes de 120 et de 150 pieds, respectivement. Si l'on considère que les explorateurs étaient alors dans leurs chaloupes, il semble plus plausible d'accepter la moindre des distances et de considérer la dernière supposition comme la plus acceptable.

Cartier ne peut se taire sur la beauté des havres qu'il découvre, mais il regrette de ne pouvoir en dire autant du sol, qu'il décrit comme étant une terre nue et rocailleuse, convenable seulement aux bêtes sauvages ; " En somme," dit-il, " je pense que cette terre est celle que Dieu donna à Caïn."

Sur cette côte, Cartier remarqua, en plusieurs occasions, des hommes " de belle stature et corpulance, mais sauvages et indomptés." Ils se livraient à la pêche et paraissaient étrangers à la localité, car l'auteur ajoute : " j'ai entendu qu'ils viennent des pays plus chauds " situés vers le sud.

D'après la description de ces sauvages, et l'assertion formelle de Cartier qu'ils venaient de pays situés au sud, on serait porté à croire que ce ne pouvait être des Esquimaux, mais quelque tribu nomade de la grande famille algonquine qui, à cette époque, commençait à se déplacer vers l'est de l'Amérique ; cependant, l'abbé Ferland ne partage point cette opinion, et son appréciation en pareilles matières est toujours d'une grande valeur.

Découragé par la stérilité persistante de cette côte inhospitalière, Cartier résolut de rebrousser chemin. Il retourna donc à ses navires et y passa le jour suivant qui tombait un dimanche ; ce jour-là, il fit encore célébrer le saint sacrifice de la messe. Le lendemain, 15 juin, ils levèrent l'ancre et traversèrent le détroit, le cap sur Terre-Neuve (sans cependant réaliser ce fait), attirés probablement par les terres hautes qui s'étendent en arrière de la pointe Riche, laquelle reçut le nom de *Cap Double.* Cinglant vers le sud, ils remarquèrent les montagnes élevées qui bordent cette partie de la côte. Cartier les appela "*les Monts de Granches.*" Ils rencontrèrent ici du mauvais temps, des brumes et d'épais brouillards qui leur dérobaient la vue de la terre. Mais sur le soir du mercredi, le brouillard se dissipa et laissa voir un cap, "et ce Cap en son sommet est sans pointe tout à "l'entour, et en bas vers la mer il finit en pointe, et pour ce "il fut appelé le *Cap Pointu.* Du coté du Nord de ce Cap, "il y a une Ile plate." Si l'on en juge par cette description, le cap Pointu signalé par Cartier serait la Tête-de-Vache, au nord de laquelle se trouve l'île Steering. A partir de cet endroit jusqu'à *la baie des Chaleurs*, le récit de Cartier est rempli d'obscurité ; et les historiens sont loin de s'accorder sur la route suivie dans cette partie du voyage. Nous avons soigneusement étudié la course entre ces deux points, et sans prétendre à une exactitude absolue, dans une question sur laquelle il y a plusieurs opinions différentes, nous croyons que notre manière de voir diffère moins du récit de Cartier qu'aucune autre interprétation émise jusqu'à ce jour. Et tout d'abord, nous tenons à exprimer ici le plaisir que nous avons éprouvé à lire le travail érudit de Mr. W. F. Ganong, M.A., sur le premier voyage de Jacques Cartier, travail qui fait partie des comptes-rendus de la Société Royale du Canada, pour l'année 1887. Nous avions déjà tracé les grandes lignes de notre interprétation de cette partie du voyage quand son essai nous est tombé sous la main ; et, ne sachant pas que d'autres étaient déjà arrivés à la même conclusion, nous avions rejeté l'opinion portant que le " Fleuve des Barques " et le cap d'Orléans se trouvaient sur la côte de Nouveau-Brunswick, croyant qu'il fallait les placer sur l'Ile du Prince-Edouard.

Notre satisfaction fut donc bien grande de constater qu'un écrivain aussi bien renseigné partageait nos vues sur ce point. Et c'est pour nous un devoir de le remercier pour plusieurs renseignements importants qui nous ont été d'une grande utilité, lorsqu'il s'est agi d'établir la course suivie par Cartier, à travers les îles de la Madeleine, et le long d'Anticosti. Il nous a fallu cependant différer d'opinion avec M. Ganong sur le tracé qu'il adopte pour la partie du voyage, le long de la côte de Terre-Neuve, comprise entre le cap Tête-de-Vache et le cap à l'Anguille. Pour établir d'une façon aussi satisfaisante que possible en quoi nous différons, nous allons donner, d'abord, un résumé du récit de Cartier, ensuite l'interprétation de M. Ganong et notre manière de voir, en dernier lieu.

Cartier dit qu'après avoir dépassé le cap Pointu il fut assailli par un gros vent de nord-est. Il dut donc courir vers le sud-ouest jusqu'au lendemain matin, et ayant parcouru environ trente-sept lieues, il se trouva en face d'une baie remplie d'îles rondes comme des colombiers, qu'il appela, en conséquence, *les Coulonbiers.* Et il ajoute: " Le Golfe *Saint-Julien* est distant sept lieuës d'un Cap nommé *Royal*, qui reste vers le Sud et un quart de Sur-Ouest. Et vers l'Ouest Sur-Ouest de ce Cap, y en a un autre, lequel audessous est tout entre-rompu, et est rond audessus. Du côté du Nord il y a une Ile basse à environ demi-lieuë ; et ce Cap fut appelé le *Cap de Lait.* Entre ces deux Caps il y a de certaines terres basses, sur lesquelles il y en a encore d'autres, qui démontre bien qu'il y doit avoir des fleuves. A deux lieues du *Cap Royal*, l'on y trouve fond de vingt brasses." *(Edition de Québec, 1843.)*

Le lendemain, étant à la recherche d'un havre avec leurs barques, ils aperçurent dans le lointain, entre le cap Royal et le cap de Lait, "Un grand golfe très profond" dans lequel il y avait quelques îles ; ce golfe était fermé du côté du sud. Ces îles de peu d'élévation formaient un des côtés de l'entrée du golfe, et le cap Royal faisait l'autre. "Et " s'avancent les dites terres basses plus de demie lieuë dans " la mer. Le pays est plat, et consiste en mauvaise terre ; " et par le milieu de l'entrée il y a une Ile. Le dit Golfe " est sous la latitude de quarante-huit degrés et demi." Nous citons d'après Hakluyt. Les autres versions, à quelques variantes près, s'accordent avec celle-ci. Il est bon de remarquer que les directions et les distances données par Cartier sont souvent incorrectes (et il ne faut pas s'en étonner).[17]

NOTE 17.—Pour donner une idée de l'inexactitude à peu près constante des relevés de Cartier, nous allons choisir quelques cas où tout le monde s'accorde sur la position des lieux entre lesquels il établit les distances.

Il dit, par exemple, que le lac Saint-Pierre a 12 lieues de longueur, sur 5 ou 6 de largeur. Ce lac n'a en réalité que 18 milles de long sur 7 de large, mesure nautique.

D'après Cartier, l'île d'Orléans aurait une longueur de 10 à 12 lieues, tandis qu'elle n'a que 18 milles. L'île au Lièvre aurait cinq lieues de long et l'île aux Coudres trois, tandis que la première n'a que 7 milles de long et l'autre 5. Il dit que la distance entre les deux îles est de 15 lieues, tandis qu'elle n'est que de 26 milles. Il n'est pas hors de propos de remarquer qu'on se servait, à cette époque en France, de plusieurs mesures de distance ; il y avait la lieue de quatre kilomètres et celle de cinq kilomètres—cette dernière équivalant à 3 milles anglais, ou à ce que nous appelons aujourd'hui une lieue. Il est probable que Cartier se servait de la lieue de quatre kilomètres—environ 2 2/5 milles anglais,—mais, même avec cette supposition, les distances qu'il donne sont généralement exagéreés.

D'un autre côté, Champlain a dû se servir de la lieue de cinq kilomètres, et il est à peu près exact lorsqu'il dit que l'île d'Orléans et l'île aux Coudres ont, l'une 6 lieues et l'autre une lieue et demie de long.

M. Ganong croit que la baie remplie d'îles rondes doit être la baie Roche, et sur ce point nous sommes de son avis. Il y a sur la carte marine de Bayfield une description de la baie Bonne plaçant la baie Roche au nord ; l'on y distingue aisément les roches rondes qui suggérèrent à Cartier le nom de Colombiers. Selon M. Ganong, le golfe Saint-Julien serait la baie Bonne ; le cap Royal serait la pointe Gregory ; le cap de Lait, la pointe du Sud et les îles entre les deux caps, celles qui se trouvent à l'entrée de la baie des Iles.

Sur une carte des côtes de l'Amérique du Nord, depuis le détroit de Belle-Isle jusqu'au cap Cod, publiée à Londres en 1806, par Imray et fils, la baie Bonne porte le nom de golfe de Saint-Julien ou baie Bonne ; le cap Royal se trouve à quelque distance au sud du cap Gregory et le cap Sud s'appelle "cap de Lait ou Pointe du Sud," ce qui s'accorde avec l'interprétation de M. Ganong.

Maintenant, voici notre manière de voir : il ne nous semble pas clair du tout que d'après le récit de Cartier la baie remplie de rochers ronds soit la baie de Saint-Julien. Cartier ne dit pas non plus qu'il pénétra dans cette baie. Nous sommes portés à croire, au contraire, que la baie de Saint-Julien n'est autre que la baie des Iles entrevue à travers le brouillard, pendant que les navires longeaient la côte. Nous croyons que le cap Royal doit être le cap à l'Ours (Bear Head), ou quelqu'autre cap dans le voisinage et que le cap de Lait est réellement la Longue Pointe (ou Low Point comme elle est désignée sur quelques cartes). Le "grand Golfe très profond," fermé vers le sud, situé et compris entre le cap Royal et le cap de Lait, doit être, la baie de Port-au-Port. Il nous est impossible d'identifier les îles situées entre les deux caps avec celles qui se trouvent à l'entrée de la baie des Iles, ni la pointe du Sud avec le cap de Lait. Cartier dit qu'au nord de cette dernière, il y a une île basse. Or, la seule île qui soit au nord de cette pointe atteint 1022 pieds d'élévation. Il ajoute qu'entre le cap Royal et le cap de Lait, il y a des îles peu élevées. Inutile de les chercher aux environs de la baie des Iles. D'un côté de l'entrée de cette baie, l'on voit la pointe Crabb, haute de 1300 pieds, et de l'autre, le mont Lark, haut de 1583 pieds. A l'entrée de la baie, il y a les îles suivantes : Tweed, (702 pieds,) Pearl, (845.) et Guernsey (située au nord de la Longue Pointe), 1022 pieds. Au nord de l'île Tweed, on voit des petits rochers dont la hauteur varie de 200 à 500 pieds. Les côtes de la baie atteignent une élévation considérable et sont taillées à pic, à partir du bord de la mer ; le cap Blow-me-down n'a pas moins de 2125 pieds. Voici en quels termes Cartier décrit "ce grand Golfe très profond." Nous citons d'après la *Relation Originale.*

"Et trouuames que parsurs les basses terres y a vne grande baye fort parfonde" (c'est-à-dire s'avançant beaucoup dans les terres,) "et isles dedans, laquelle est close deuers le Su desdites basses terres, qui font vng costé de l'antrée et cap Royal l'autre."

Admettant que le cap Royal soit le cap à l'Ours (Bear Head), et le cap de Lait la Longue Pointe (Long Point), il est aisé de reconnaître les terres basses, qui s'avancent en pleine mer, dans les battures qui terminent la Longue Pointe. Au nord de cette dernière, il y a un rocher plat, et entre le cap à l'Ours et la Longue Pointe, se trouvent certaines îles basses—l'île Shag, etc., tandis que dans la baie de Port-au-Port, il y l'île Fox et Middle Bank, etc. De plus, la latitude de 48° 30', qu'il, assigne au "grand golfe très profond," se trouve à correspondre avec le milieu de la baie de Port-au-Port. Le 18 juin, vers le soir, ils mirent à la voile, " laissant " suivant Hakluyt, " le Cap à l'Ouest." La *Relation Originale* porte ; " et tynmes pour la nuyt à la mer, le Cap à Ouaist." L'édition de 1598 est la plus explicite :— " Nous retirasmes en mer, après auoir tourné le cap à l'Ouest " ; ce cap, suivant nous, serait la Longue Pointe.

Dans toute la conduite de Cartier, rien ne saurait donner une plus juste idée de son courage héroïque que la décision qu'il prit en cette circonstance. Pendant cinq longues semaines, il avait exploré la côte sauvage du Labrador sans y trouver le moindre sujet d'espérer que, tôt ou tard, le succès couronnerait son entreprise. Et cependant, affrontant la tempête et les brouillards, il lance ses fragiles navires sur une mer inconnue. Pendant une semaine, les équipages furent à la merci des vents et des flots, enveloppés d'une brume épaisse qui ne leur permettait même pas de prendre d'observations, ni de déterminer où ils se trouvaient. Enfin, le 24 juin, ils signalèrent une terre qu'ils nommèrent le cap Saint-Jean, en l'honneur du saint dont on faisait la fête ce jour-là.

Certains historiens, induits en erreur par Hakluyt qui, d'après Ramusio, intitule cette partie de son récit : " de l'île appelée Saint-Jean," ont cru que ce cap pouvait se trouver sur l'île du Prince-Edouard ; mais la suite du même récit fait voir que le cap Saint-Jean ne peut être autre que le cap Anguille, sur l'île de Terre-Neuve. Cartier ajoute qu'il prit connaisance de cette " Ile" à travers l'obscurité et le brouillard. Ils naviguèrent ensuite dans la direction de ouest nord-ouest et parcoururent une distance de dix-sept lieues et demie. (L'édition de 1598 ainsi que Hakluyt ne donnent que sept lieues et demie, mais nous verrons par la suite que le texte de la *Relation Originale* est le plus correct. Les deux versions que nous venons de citer ne donnent pas toujours exactement les directions et les distances, surtout dans la partie qui nous occupe en ce moment.) Le vent ayant changé, ils furent poussés vers le sud-est et, après une course de quinze lieues, ils arrivèrent en vue des Rochers aux Oiseaux, dont Cartier en décrit deux surtout d'une manière très ressemblante, lorsqu'il les représente "droits comme un mur." Il les appela les "Iles aux Margaulx," à cause de la grande quantité de ces oiseaux qu'il y trouva. Cinq lieues à l'ouest de celles-ci, il en aperçut une autre petite à laquelle il donna le nom de Brion, (*l'ille de Bryon*, R.O.) en l'honneur de l'amiral Brion-Chabot, sous la protection duquel il avait entrepris ce voyage. L'île a conservé ce nom jusqu'à ce jour, quoique certaines cartes portent *Byron*, par erreur. Ils naviguèrent ensuite à travers les îles de la Madeleine qu'ils trouvèrent agréables quoique de peu d'étendue, "en sorte qu'un champ d'icelles vaut plus que toute la Terre-Neuve." Ils remarquèrent aussi que les champs paraissaient avoir été cultivés. Aux environs de l'île Brion, ils aperçurent des phoques dont la vue les remplit d'étonnement.

Il semble que Cartier ait ici soupçonné que Terre-Neuve pouvait bien être une île ; car dit-il : "Je crois par ce que "j'ai pu comprendre, qu'il y ait quelque passage, entre la "Terre-Neuve et la terre de Brion. S'il en était ainsi, ce "serait pour raccourcir le temps et le chemin, pourvu que "l'on pu trouver quelque perfection en ce voyage." Nous donnons ici la version d'Hakluyt. La *R.O.* s'accorde avec celle-ci, seulement au lieu de " la terre de Brion," il y a " et la terre des Bretons."

Le " beau Cap," qu'il nomma cap Dauphin, est probablement le cap Nord, sur une des îles de la Madeleine. L'édition de 1598 en fait mention comme suit : " a quatre lieuës de ceste Isle (Brion) est la terre ferme vers Ouest-Surouest, laquelle semble estre comme une Isle enuironnée d'Islettes de sable noir, là y a vn beau Cap que nous appellasmes le Cap-Daulphin," &c.

Les difficultés recommencent pour établir la route suivie depuis ce point jusqu'à *Allezay* ; car le récit de Cartier est des plus embrouillés. Nous devons féliciter M. Ganong d'avoir suggéré que le cap de terre rouge doit être une pointe au sud de l'île de l'Entrée et que l'autre cap, à quatre lieues du premier (*R.O.*) et à quatorze lieues, suivant l'édition de 1598 et Hakluyt, fait partie de l'île de la Pierre Meulière. Dans ce cas, les deux petites îles, que l'on remarque avant d'arriver au premier cap, seraient les rochers d'Andromaque, et l'ouverture donnant vue sur les terres basses se trouverait entre les îles de la Pierre Meulière et Allright. L'île d'Allezay, qu'il représente comme très "haute et pointue," serait, suivant nous, l'île du Corps-Mort que l'on trouve, sur les cartes marines de Bayfield, telle que Cartier la décrit : un promontoire élevé de 150 pieds audessus de la mer. M. de Costa semble croire que l'île d'Allezay faisait partie de l'île du Prince-Edouard ; c'est une preuve que cet écrivain a bien peu étudié le sujet qu'il traitait. Comme on le sait, l'île du Prince-Edouard est basse ; ses deux extrémités, le cap Nord et la pointe de l'Est, ne dépassent point vingt-cinq pieds d'élévation, et il serait simplement absurde de qualifier de " terre haute et pointue" quelque partie que ce soit de la côte nord de cette île.

Le lundi suivant, 29 juin, ils laissèrent derrière eux l'archipel de la Madeleine et, naviguant à l'ouest jusqu'au mardi soir, ils découvrirent "une terre qui semblait faire deux Iles," située à environ neuf ou dix lieues, dans la direction de ouest sud-ouest. Nous laissons ici la parole à Hakluyt, quoique la citation soit un peu longue, parceque notre interprétation de ce passage diffère de celle qui est généralement reçue :—

"Wee sailed Westward untill Tuesday morning at Sunne rising, being the last of the moneth, without any sight or knowledge of any lande, except in the evening toward Sunne set, that wee discovered a lande which seemed to be two Ilands, that were beyond us West south west, about nine or tenne leagues. All the next day till the next morning at Sunne rising wee sailed Westward about fourtie leagues, and by the way we perceived that the land we had seen like Ilands, was firme land, lying South south east, and North north west to a very good Cape of land called Cape Orleans. Al the said land is low and plaine, and the fairest that may possibly be seene, full of goodly medowes and trees. True it is that we could finde no harborough there, because it is all full of shelves and sands. We with our boats went on shore in many places, and among the rest wee entred into a goodly river, (*une belle ripuiere*, R.O.) but very shallow, which we named the river of boats, (*la ripuiere des Barcques*, R.O.) because that there wee saw boates full of wild men that were crossing the river. We had no other notice of the said wild men : for the wind came from the sea, and so beat us against the shore, that wee were constrained to retire ourselves with our boates toward our ships. Till the next day morning at Sunne rising, being the first of July, we sailed Northeast, in which time there rose great mistes and stormes, and therefore wee strucke our sailes till two of the clocke in the afternoone, that the weather became cleare, & there we had sight of Cape Orleance, and of another about seven leagues from us, (*sic*) lying North and by East, and that we called Wilde men's Cape (*le cap dez Sauuaiges*, R. O.) on the northside of this Cape (*Nord-Est*, R.O.) about halfe a league, there is a very dangerous shelfe, and banke of stones. × × × × × × The next day being the second of July we discovered and had sight of land on the Northerne side toward us, that did joyne unto the land abovesaid, al compassed about, and we knew that it had about (R.O. *vignt lieues*) in depth, and as much athwart, we named it S. Lunarios Bay (R.O. *Sainct Lunaire*) and with our boats we went to the Cape toward the North, and found the shore so shallow, that for the space of a league from land there was but a fadome water. On the Northeast side from the said Cape about 7 or 8 leagues there is another Cape of land, in the middest whereof there is a Bay fashioned triangle-wise, very deepe," &c.

Selon l'interprétation la plus généralement acceptée du premier voyage, Cartier, en quittant les îles de la Madeleine, se serait dirigé vers la côte du Nouveau-Brunswick et aurait appelé cap d'Orléans, la pointe Escuminac, et fleuve des Barques, la rivière Miramichi. Nous croyons au contraire, que la terre, qu'il prit d'abord pour deux îles, doit être ou l'élévation située au centre de l'île du Prince-Edouard, que les marins distinguent facilement en venant des îles de la Madeleine et bien avant qu'il leur soit possible de voir les côtes de l'île, qui sont généralement basses, ou bien encore deux des montagnes de sable qui se trouvent audelà de la baie de Richmond. Ainsi d'après nous, le "Fleuve des Barques," serait la rivière Kildare de nos jours.[18]

Nous sommes d'opinion que le "cap des Sauvages" doit être le cap du Nord, au large duquel il y a une batture qui correspond à la description qu'en fait Cartier. Avec M. Ganong, nous croyons que le capitaine malouin n'a pas réalisé que l'île du Prince-Edouard était une île et que, par la baie de Sainte-Lunaire, il faut entendre la baie de Kouchibougnac se prolongeant indéfiniment dans le détroit qui

NOTE 18.—Il y a environ une trentaine d'années, en faisant des excavations près des sources de la rivière Kildare, on trouva une certaine quantité d'antiquités indiennes qu'on crut devoir remonter à une époque reculée. Elles consistaient en haches de pierre, têtes de flèches, pointes de lances et autres objets. Le père de l'auteur de ce travail, après en avoir fait l'acquisition, les présenta au British Museum ou à une autre institution scientifique de Londres. Nous avons souvent entendu dire, dans notre enfance, que cette rivière avait été, dans les premiers temps de notre histoire, un rendez-vous favori des sauvages.

sépare la côte occidentale de l'île du Prince-Edouard d'avec le Nouveau-Brunswick.

Le 2 juillet, Cartier poursuivit sa marche dans la direction du Nouveau-Brunswick. La première terre qu'il avisa, ce jour-là, fut sans doute le cap Escuminac, et l'autre cap, 7 à 8 lieues plus au nord est, doit être la pointe de terre connue sous le nom de Blackland. Le golfe, " en forme de triangle et très profond " (s'étendant au loin dans les terres), correspond à ce que nous appelons aujourd'hui la baie de Miramichi. La description qu'il en donne semble éloigner tout doute à ce sujet. Puis longeant la côte en remontant vers le nord, ils doublèrent la pointe de Miscou qu'ils appelèrent le cap d'Espérance, "pour l'espérance que nous avions d'y trouver passage," et le 3 juillet, ils entraient dans *la baye de Chaleur*, ainsi nommée par Cartier à cause de la grande chaleur qu'il y éprouva. Sur le côte septentrionale de la baie, ils mouillèrent dans la crique Saint-Martin, *(la couche Sainct Martin, R. O.)* aujourd'hui Port Daniel, où ils s'arrêtèrent depuis le quatre juillet jusqu'au douze du même mois.[19]

Le paysage qui se déroula alors sous les yeux des marins, depuis longtemps ballottés par la tempête, dut leur paraître bien agréable. Cette vaste nappe d'eau étincelante au soleil,

---

NOTE 19 —La ligne de séparation entre la province de Québec et le Labrador traverse le Blanc-Sablon. Donc pour être strictement exact, il faut dire que c'est au port de Brest (connu aujourd'hui sous le nom de baie du Vieux-Fort) que, le 10 juin 1534, Cartier toucha le sol canadien pour la première fois ; mais si on met la côte du Labrador hors de question, il faut admettre que ce fut à Port Daniel, dans la comté de Bonaventure que, le 4 juillet 1534, Cartier mit pour la première fois, pied à terre sur ce qui fut appelé la Nouvelle-France jusqu'à la conquête et le Canada jusqu'en 1866. On a généralement cru que cet honneur revenait à Gaspé ; mais Cartier n'y arriva que le 14 juillet et ne pénétra dans le Bassin que le 16 du même mois.

Maintenant, si nous considérons tout le Dominion, l'endroit qui reçut la première visite de Cartier serait, suivant nous, le voisinage de la rivière Kildare, dans le comté de Prince, sur l'île du Prince-Edouard, trois jours avant son arrivée au Port Daniel, c'est-à-dire le 1er juillet, le jour même qui, 333 ans plus tard, vit, par une heureuse coincidence, naître la Confédération canadienne.

ces rivages ombragés de verdure, ces collines cachées sous le sombre manteau de la forêt primitive et couronnées de hautes montagnes au nord et à l'ouest, comme si la nature les avait placées là pour arrêter les brumes et les tempêtes des côtes du nord qu'ils venaient de quitter ; tout ce panorama aussi frais qu'aux jours de la création dut en cette belle matinée de juillet, apparaître aux hardis mariniers rempli d'un charme indicible. Et chose admirable, la main du temps n'a pas beaucoup altéré les couleurs de ce tableau. L'ensemble grandiose, qui émerveilla le vaillant capitaine de Saint-Malo et son équipage, fait encore aujourd'hui les délices des touristes qui viennent de pays lointains, jouir d'un paysage dont la suave beauté est toujours la même.

Cartier, ayant exploré la baie avec ses chaloupes, put se convaincre qu'il fallait chercher ailleurs le passage tant désiré. Tout près de l'endroit où il s'arrêta pour retourner à ses navires, sur une pointe qui s'avance dans la baie, s'élève aujourd'hui le "Inch Arran Hotel," où pendant la belle saison, les touristes se donnent rendez-vous des pays du "Canada, Hochelaga et Saguenay," pour respirer l'air pur de la mer et se baigner dans les flots azurés qui viennent mourir presque à leurs pieds.

Ils sont nombreux les changements qui se sont accomplis sur ces rives depuis que Cartier les contempla pour la première fois, il y a 354 ans ; mais la célébrité que les Canadiens attachent à cet endroit, comme station balnéaire, ne saurait être considérée comme un fait récent, car du temps même du découvreur malouin, la réputation de la baie était déjà faite. Il est vrai que les touristes d'alors n'avaient peut-être pas le même objet en vue que ceux d'aujourd'hui, qui ne cherchent qu'à se dérober aux fatigantes sollicitudes de la vie. Les comptes rendus laissés par les voyageurs du 16e siècle nous apprennent que les costumes de bains n'étaient point de rigueur lorsqu'ils visitèrent ce pays. Mais laissons Cartier nous raconter ses impressions. Il suffit d'avoir visité cet endroit pour reconnaître, dans la description suivante, la baie de Tracadièche, près de Carleton, dans le comté de Bonaventure, P. Q.

" Nous vimes," dit-il, " des Sauvages qui étoient sur le bord d'un lac qui est sur les terres basses, lesquels Sauvages faisoient plusieurs feux. Nous allâmes là et trouvâmes qu'il y avait un Canal de mer qui entroit en ce lac, et mimes nos barques en l'un des bords de ce Canal. Les Sauvages s'approchèrent de nous avec une de leurs barques, et nous apportèrent des pièces de Loups-marins cuites, lesquelles ils mirent sur des boises, et puis se retirèrent nous donnant à entendre qu'ils nous les donnoient . . . . .
Ils étoient plus de trois cens, tant hommes que femmes et enfans. Et voyons une partie des femmes qui ne passèrent, lesquelles étoient jusques aux genoux dans la mer, sautans et chantans . . . . et les autres s'assurèrent tellement avec nous qu'enfin ils trafiquoient de main à main de tout ce qu'ils avoient, en sorte qu'il ne leur resta autre chose que le corps tout nud, parcequ'ils donnèrent tout ce qu'ils avoient, qui étoit chose de peu de valeur. Nous connûmes que cette gent se pourroit aisément convertir à notre Foy. Ils vont de lieu en autre, vivans de la pêche."

D'après la dernière partie de cette citation, il semblerait que, sans compter les progrès réalisés par l'influence civilisatrice de 350 années, la grande différence, entre les touristes canadiens qui visitent la baie des Chaleurs, aujourd'hui, et ceux du seizième siècle, est à peu près la même qu'entre le grand seigneur et le braconnier qu'il trouva, un beau matin, faisant la battue sur le domaine seigneurial : l'un en recherche d'appétit pour son déjeuner et l'autre d'un déjeuner pour son appétit.

Cependant, l'admiration qu'éprouva Cartier à la vue de la baie des Chaleurs ne lui fit pas oublier, un instant, le but principal de son voyage,—la découverte d'un passage aux Indes par le nord-ouest. Convaincu que cette baie n'avait point d'issue, il mit à la voile et se dirigea vers le nord-est, rangeant la côte jusqu'à Percé, où il jeta l'ancre pour la nuit, entre le cap Blanc, alors connu sous le nom de *Cap de Pratto*, et l'île Bonaventure. Les vents contraires l'obligèrent à chercher un abri dans la baie de Gaspé, où un des vaisseaux perdit son ancre. La tempête redoublant de violence, ils durent remonter plus haut, jusqu'à un havre de bonne apparence qu'ils avaient découvert avec leurs barques. Ils demeurèrent pendant dix jours en cet endroit, aujourd'hui le bassin de Gaspé.

C'est là qu'ils firent connaissance avec un parti de sauvages, au nombre d'environ deux cents, qui faisaient la pêche au maquereau. Ces sauvages venaient de l'intérieur, paraît-il, et Cartier nous dit qu'ils différaient des autres habitants du pays qu'il avait déjà rencontrés, par leur langage et leurs manières, mais qu'ils leur ressemblaient par leur dénûment et le désir qu'ils manifestaient de commercer avec les blancs.

Lorsque l'on considère l'empressement avec lequel ces peuplades visitèrent les navires de Cartier et s'associèrent aux Français, il est difficile de ne pas admettre qu'ils avaient déjà lié connaissance et trafiqué avec des Européens. Nous ajoutons peu de foi à la tradition portant que les Espagnols auraient exploré la baie des Chaleurs, avant l'arrivée de Cartier, et que n'y ayant trouvé ni mines d'or ni d'argent, ils se seraient écriés dans leur désappointement :—" *Aca Nada*"—" *Il n'y a rien ici*," d'où serait venu le mot 'Canada.' Il pourrait y avoir du vrai dans cette histoire. Nous n'avons cependant jamais vu qu'on ait apporté la moindre preuve à l'appui cette supposition ; la jalousie des Espagnols, à la vue des découvertes des Français, peut avoir donné cours à cette fable. D'un autre côté, rien n'empêche de supposer que ces sauvages avaient déjà fait connaissance avec les pêcheurs basques et bretons qui, comme nous en avons la certitude, fréquentaient ces parages bien avant l'arrivée de Cartier.

Nous verrons, par la suite, que les indigènes qu'il rencontra près de Gaspé appartenaient à la même tribu que ceux que les Français trouvèrent à Stadaconé, l'année suivante. Cartier fut frappé de leur extrême pauvreté, car, dit-il : "Ceux-ci peuvent être vraiment appelés sauvages, d'au-" tant qu'il ne se peut trouver gens plus pauvres au monde, " et crois que tous ensemble n'eussent pu avoir la valeur de " cinq sols, excepté leurs barques et nets." Rassemblés autour des navires dans leurs canots, les sauvages, sans montrer la moindre frayeur, reçurent avec empressement les présents qui se font en pareille circonstance ; de petites clochettes d'étain, qu'il distribua à un groupe de jeunes filles, réjouirent tellement ces timides beautés de la forêt qu'elles se jetèrent sur Cartier et l'accablèrent de caresses.

Le 24 juillet, Cartier prit solennellement possession du pays, au nom du Roi, en érigeant, sur une élévation à l'entrée de la baie, une croix haute de trente pieds, au milieu de laquelle était un écusson relevé de *fleurs de lys*. et audessus, ces mot entaillés: "VIVE LE ROY DE FRANCE." Ensuite, pour faire comprendre aux sauvages réunis le caractère religieux de l'emblème sacré qu'ils avaient sous les yeux, le pieux capitaine réunit son équipage, s'agenouilla et rendit grâces au Dieu Tout-Puissant de les avoir préservés de tout péril, les mains levées vers le ciel pour leur faire comprendre, autant qu'il lui était possible, "que notre salut dépendait entièrement de celui qui y habite."

Les sauvages admirèrent beaucoup la partie religieuse de cette cérémonie, mais ils ne purent réprimer une certaine crainte qu'elle pourrait bien avoir une autre signification ; car, comme les navires étaient sur le point d'appareiller, leur chef, vêtu, dit la relation, " d'une vieille peau d'ours noir, accompagné de ses trois fils et d'un de ses frères, vint sur une barque, et se tenant à une respectueuse distance, harangua les Français au long, leur donnant à entendre, par une foule de gestes, le déplaisir que lui causait cette démonstration qu'il considérait évidemment comme une invasion de son domaine que rien ne pouvait justifier.

Loin de se laisser effrayer par la mauvaise humeur du vieux chef, Cartier le fit aussitôt prisonnier et le fit emmener à bord où il fut bientôt consolé, au point qu'il consentit à laisser ses deux fils suivre les Français dans leur pays, à la condition qu'ils reviendraient l'année suivante. Cet arrangement, s'étant terminé amicalement, fut ratifié par un copieux repas après lequel Cartier distribua de petits présents aux sauvages ; puis il les renvoya à leurs pirogues, de bonne humeur et faisant signe qu'ils ne toucheraient point à la croix.

Le 25 juillet, Cartier quitta le bassin de Gaspé, et doublant le cap du même nom il put voir, à sa droite, la côte sud de l'île d'Anticosti et, à sa gauche, la côte de Gaspé dont la disposition donne l'idée d'une baie fermée à l'ouest. Il tira donc vers l'est nord-est. Le 27, les navires rangèrent une pointe que le capitaine négligea de nommer, mais qui doit être la pointe sud de l'île d'Anticosti. Il poussèrent à l'est jusqu'à une autre pointe, où la terre commence à se relever vers le nord, suivant *Hakluyt*—"à se rabbattre" selon la *Relation Originale.* Ils lui donnèrent le nom de cap Saint-Louis (*St. Loys*, *R. O.*) probablement Heath Point, sur les cartes modernes. Longeant la côte dans la direction du nord nord-ouest, ils passèrent devant une autre pointe de terre qui reçut le nom de cap de Montmorency (*Cap de Memorancy*). A trois lieues de cet endroit, Cartier nous dit qu'il voulut sonder le fond sans pouvoir le trouver à 150 brasses, ce qui nous porte à croire que le cap Montmorency doit être le cap à l'Ours.

Le samedi suivant, 1er août, ils aperçurent les monts de Mingan, sur la côte nord du Saint-Laurent. Les vents et les courants contraires les obligèrent, pendant cinq jours, à côtoyer l'île d'Anticosti. Ils furent même, une fois, sur le point de s'échouer. Enfin, la force de la marée agissant de concert avec les éléments, il devint impossible aux navires de faire aucun progrès. On décida de faire débarquer environ une douzaine d'hommes à la pointe Nord; ceux-ci se dirigèrent vers l'ouest à pied, en suivant la côte, jusqu'à ce que s'apercevant que la terre commençait à s'abaisser vers le sud ouest, ils retournèrent à leurs vaisseaux qu'ils trouvèrent avalés par le vent, plus de quatre lieues de l'endroit où ils les avaient laissés.[20]

NOTE 20.—Cette partie du récit de Cartier, où il raconte son voyage le long de l'île

Vu l'ambiguité de cette partie de la relation de Cartier, il est difficile de savoir si le capitaine soupçonna qu'il se trouvait à l'entrée d'un grand fleuve qui remontait à des centaines de lieues, dans la direction de ses espérances. Il est certain, toutefois, qu'il ne s'imagina point avoir presque fait le tour d'une île.

Il avait, au moins, la certitude que la route vers l'ouest était toute grande ouverte devant lui, et qu'il ne lui manquait que des vents favorables et une saison plus propice pour y arriver.

Mais l'automne approchait et avec lui son cortège de tempêtes. La situation était celle-ci : devait-on continuer les découvertes, ou, retourner en France et revenir l'année suivante compléter le travail commencé ? Si l'on continuait, il fallait se résigner à hiverner au milieu des glaces et dans une région inhospitalière où toute trace de végétation disparaissait sous la neige. Pendant quatre mois, il avait fallu lutter contre les vents et les flots, et les équipages se trouvaient bien peu preparés à affronter les rigueurs d'un long hiver. Cartier rassembla tout son monde et discuta avec eux ce qu'il fallait faire. Après quelques pourparlers, ils décidèrent de retourner en France et de revenir, l'année suivante, mieux équipés, afin de continuer leur entreprise.

L'ordre fut donc donné de commencer le voyage de retour et, après avoir appelé cette partie du golfe, comprise entre l'île d'Anticosti et la terre ferme, "*le destroyt Saint-Pierre*", ils profitèrent d'un vent favorable et firent une

---

d'Anticosti, est une des plus difficiles à suivre. Il est certain qu'en partant de Gaspé il se dirigea à l'est nord-est ; plus loin, nous le trouvons à la pointe Natashquan, en route pour la France, mais la course suivie entre ces deux points est des plus obscure. Nous n'avons fait que donner l'interprétation qui nous semble la plus satisfaisante, et en cela nous sommes beaucoup redevable au travail de M. Ganong

course des plus heureuses jusqu'à la pointe de Natashquan. Ils s'y arrêtèrent, cédant aux pressantes sollicitations d'un groupe de sauvages, dont le chef, nommé Thiennot, les invita, du sommet d'un cap, à une entrevue amicale. Toujours obligeant, Cartier se rendit aux désirs du chef et fit même passer son nom à la postérité en donnant au cap le nom de Thiennot, qu'il porte encore aujourd'hui sur certaines cartes.

"Ces sauvages," dit Cartier, " s'accostèrent aussi librement de nous comme si ce fussent été des Français." Il est évident que ce n'était pas la première fois que ces gens-là voyaient des Européens.

Favorisés par un bon vent d'ouest, les navires furent bientôt en vue des côtes de Terre-Neuve. Ils se dirigèrent ensuite sur le Labrador et arrivèrent au Blanc-Sablon, le 9 août ; ils y demeurèrent jusqu'au 15 du même mois. Ayant célébré la solennité de l'Assomption de Notre-Dame, ils mirent de nouveau à la voile et, après avoir éprouvé des vents contraires vers le milieu de la traversée, ils rentraient, le 5 septembre, au port de Saint-Malo, d'où ils étaient partis, quatre mois et demi auparavant.

CHAPITRE III.

LE DEUXIEME VOYAGE.

Gracieux accueil du Roi.—Cartier reçoit une nouvelle commission.—Préparatifs d'un deuxième voyage.—*La Grande Hermine—La Petite Hermine—L'Emérillon.*—Départ de Saint-Malo.—Rendez-vous au Blanc-Sablon.—Le havre Saint-Nicholas.—La baie de Saint-Laurent.—Découverte de l'île d'Anticosti.—À la recherche d'un passage au Nord-Ouest.—Le Saguenay.—L'île aux Coudres.—Cartier avait-il des prêtres avec lui ?—L'île d'Orléans.—Donnacona.—Réception faite à Taignoagny et à Domagaya.—Le havre de Sainte-Croix.—Cartier choisit la rivière Saint-Charles pour y mettre ses vaisseaux.—Stadaconé.—Donnacona lui fait une visite en grande tenue.—Echange de civilités.—Les Sauvages cherchent à dissuader Cartier d'aller plus loin.—Leur stratagème déjoué.—Départ pour Hochelaga. Ochelay.—Obligé de laisser son navire près de l'embouchure du Richelieu.—Arrivée à Hochelaga.—Réception amicale par les sauvages.—Visite à la bourgade.—Description de cette bourgade.—Sa situation.—Fortifications.—À quelle tribu appartenaient ces sauvages ?—L'Agouhanna.—Sa rencontre avec Cartier.—On apporte des malades à Cartier pour qu'il les guérisse.—Il s'efforce de leur donner quelque connaissance de la religion Chrétienne.—Visite au Mont Royal.—La rivière Ottawa.—Départ d'Hochelaga.—Rivière de Fouez.—Retour au havre de Sainte-Croix.

SANS avoir atteint définitivement le but que ses organisateurs avaient en vue, l'expédition n'en avait pas moins produit de bons résultats qui promettaient davantage pour l'année suivante. Cartier s'empressa de présenter un rapport détaillé de son voyage au Roi qui en fut très satisfait, ainsi que les gentilshommes de la Cour, et particulièrement le vice-amiral, Charles de Mouy, à la demande duquel Cartier fut nommé capitaine et pilote-général ; il fut en même temps, investi de pouvoirs plus amples pour le mettre en état de continuer les découvertes qu'il n'avait encore fait qu'ébaucher. François Ier, enflammé d'un beau zèle pour les expéditions maritimes, fit armer, équiper et approvisionner trois navires, pour un voyage de quinze mois. L'escadre se composait de *la Grande Hermine*, du *Courlieu*, dont le nom fut changé pour la circonstance en celui de *la Petite Hermine*, sous lequel nous le désignerons à l'avenir, et de *l'Emérillon*. En vertu d'une commission, datée du 30 octobre 1534[21], et portant la signature de l'amiral Chabot, le roi confère à Cartier qui y est appelé " Capitaine et Maitre-Pilote de Saint-Malo " le commandement suprême de l'expédition et le revêt de pouvoirs étendus, avec l'entente que le voyage ne devait pas durer plus de quinze mois ; quant à l'équipement des navires et au choix des hommes, il reçut carte-blanche, avec ordre de continuer et de compléter les découvertes commencées dans le voyage précédent. La date de la nouvelle commission indique que Cartier dut produire une impression favorable sur l'esprit du Roi, car il y avait à peine deux mois qu'il était de retour de son premier voyage lorsqu'elle lui fut remise.

De même que l'année précédente, les préparatifs se firent à Saint-Malo, et tout fut terminé vers le milieu de mai 1535. Le 16 du même mois, jour de la fête de la Pentecôte, d'après les ordres du capitaine, les hommes de l'équipage se confessèrent et reçurent la sainte communion, puis ils se rendirent dans le chœur de la cathédrale de Saint-Malo

---

NOTE 21. -Voir appendice D.

et s'agenouillèrent devant l'évêque, Mgr. François Bohier,[22] qui les bénit solennellement et les mit sous la protection du Dieu Tout-Puissant. Cette démarche caractérise éminemment Jacques Cartier, dont toute la vie témoigne d'un esprit profondément religieux. Dans n'importe quelle entreprise, il ne commença jamais rien sans invoquer d'abord le secours d'en Haut. La fortune le comblait-elle de ses faveurs, il en renvoyait tout l'honneur à " l'Auteur de tous les dons." Dans ses heures d'épreuve et de difficultés, il chercha toujours un refuge dans la prière ; et les contrées qu'il visita dans le Nouveau-Monde virent s'élever dans les airs le signe sacré de notre rédemption, pour proclamer autant qu'il était en son pouvoir, la bonne nouvelle de l'Evangile.

Trois jours après cette imposante cérémonie, le mercredi 19 mai, les trois navires levèrent l'ancre et quittèrent la rade de Saint-Malo [23] *La Grande Hermine*, de 100 à 120 tonneaux, était commandée par Cartier en personne, avec

---

NOTE 22.—Dans son "*Histoire de la Colonie Française*," Vol. 1, p. 12. l'abbé Faillon dit que le nom de ce prélat était Denis Briconnet, mais il est évidemment en erreur. François Bohier, successeur de Denis Briçonnet, était alors évêque de Saint-Malo, et avait, en cette capacité, pris le serment d'allégéance à François 1er., le 5 janvier de la même année.

NOTE 23.—La relation originale de ce voyage est intitulée, "*Brief Recit & succincte narration, de la navigation faicte es ysles de Canada, Hochelage & Saguenay & autres, avec particulieres meurs, langaige, & cerimonies des habitans d'icelles: fort delectable à veoir.*"

Le seul examplaire connu de l'édition originale de cet ouvrage se trouve au British Museum et porte la date de 1545. La version italienne de Ramusio, et celle de Hakluyt, en anglais, sont évidement des traductions du *Brief Recit* dont M. D'Avezac nous a donné une bonne édition, en 1863. La version, publiée en 1843 par la Société Littéraire et Historique de Québec, a été rédigée d'après trois relations manuscrites du deuxième voyage de Cartier, déposées à la Bibliothèque Royale, à Paris, (nos. 5653-5589-5644). Quoique ces relations manuscrites semblent être l'œuvre de la même personne, elles diffèrent cependant sur certains points de peu d'importance. L'éditeur de la version publiée par la Société par it avoir inséré dans le texte de son ouvrage certains passages de Lescarbot, qui a ajouté au récit de Cartier ses appréciations personnelles ainsi que des extraits de Champlain, au point qu'il est parfois difficile de dire sur quelle autorité il appuie les faits qu'il rapporte.

Nous avons, dans cette étude, suivi généralement le *Brief Recit*, qui nous paraît être l'œuvre de Cartier lui-même.

Thomas Fourmont, commandant en second. Macé Jalobert, de Saint-Malo, beau-frère de Cartier, fut nommé capitaine de *la Petite Hermine* (60 tonneaux), avec Guillaume le Marié, aussi de Saint-Malo, agissant en qualité de second. *L'Emérillon* (40 tonneaux), était commandé par le capitaine Guillaume le Breton-Bastille, et Jacques Maingard, maître d'équipage, tous deux de Saint-Malo.

Cartier avait aussi avec lui, sur la *Grande Hermine*, plusieurs personnages de distinction, tels que Claude de Pontbriand, fils du seigneur de Montreuil, et échanson du Dauphin, Charles de la Pommeraye, Jehan Poullet, et autres gentilshommes. La rôle des hommes de l'équipage est conservé, au moins en partie, dans les archives de Saint-Malo. (Voir appendice E.) Il s'y trouve 74 noms. Si l'on y ajoute ceux des trois gentilshommes que nous venons de citer, celui de Jehan Gouion, qui accompagna Cartier dans sa visite à Hochelaga et celui de Philippe Rougemont qui mourut, paraît-il, du scorbut pendant l'hiver de 1535-36, ainsi que les noms des deux interprètes, Taignoagny et Domagaya, qui jouèrent un rôle important dans l'expédition, nous arrivons à un total de quatre-vingt-un noms connus,[24] sur les 112 personnes[25] qui partirent de Saint-Malo, le 19 mai 1535.

NOTE 24.—Nous n'avons donné que les noms mentionnés dans le *Brief Recit*. Dans l'édition des voyages de Cartier publiée à Québec, en 1843, il est fait mention d'un nommé Charles Guyot, domestique du capitaine, mais ce nom ne se trouve ni dans le *Brief Recit* ni dans Hakluyt. Le *Brief Recit* ne parle de ce personnage qu'une fois, dans les termes suivants:—"*Voyāt ce le cappitaine enuoya son serviteur accompaigné de Iehan poullet.*" &c. L'éditeur de la version publiée par la Société L. & H. de Québec a suivi Lescarbot qui insère ce nom dans son compte rendu du voyage de Cartier. (Voir Lescarbot, *Histoire de la Nouvelle France*, vol. 2, p. 360. Edition Tross.)

De plus, on trouve dans une étude sur Cartier, publiée dans les comptes rendus de la Société L. & H. de Québec, pour l'année 1862, les noms de Jean Garnier, sieur de Chambeaux, de Garnier de Chambeaux, et de Goyelle, comme faisant partie de l'expédition. Aucun de ces noms ne paraît dans le *Brief Recit* ni dans Hakluyt. Charlevoix mentionne cependant de Goyelle. (Edition de Shea, Vol. I., p. 118.)

NOTE 25.—Nous adoptons le chiffre de 112, parceque Cartier nous dit lui-même que lorsque ses gens furent attaqués du scorbut, ils étaient au nombre de 110, or, nous savons que les deux interprètes sauvages l'avaient alors abandonné pour aller demeurer avec Donnacona.

Tout alla bien pendant les premiers jours de la traversée, mais il s'éleva bientôt de violentes tempêtes, et, en plein océan, les navires furent séparés les uns des autres, le 25 juin. Le 7 juillet suivant, la *Grande Hermine*, qui, grâce sans doute à son tonnage supérieur, semble avoir moins souffert que les autres, arriva à l'île Funk, et y fit une bonne provision d'oiseaux. Le lendemain, ils entrèrent dans le havre du Blanc-Sablon où il avait été convenu que la flotille se rencontrerait le 15 juillet ; mais ce ne fut que le 26 du même mois, que les deux autres vaisseaux purent rejoindre le premier. Ils naviguèrent alors de conserve, longeant la côte, et reconnurent en passant les îles Meccatina qu'ils nommèrent les îles Saint-Guillaume (*les ysles Sainct Guillaume*, B.R.) et la pointe de Natashquan à laquelle Cartier avait donné, l'année précédente, le nom de cap Thiennot.

Le 1er août, ils jetèrent l'ancre dans un port qu'ils nommèrent Saint-Nicholas ; ils y élevèrent une croix et y demeurèrent jusqu'au 7. Il est tout probable que ce havre est celui connu aujourd'hui sous le nom de Pashasheebu ; il ne faut pas le confondre avec la baie de Saint-Nicholas qui se voit sur les cartes modernes, à plusieurs centaines de milles plus en amont.

Tirant toujours à l'ouest, le 10 août, ils entrèrent dans la baie du Pillage,[26] à laquelle Cartier donna le nom de baie Saint-Laurent (*la baye Sainct Laurens*, *B.R.*), en commémoration du saint dont la fête tombait ce jour-là ; ils prirent

NOTE 26.—Aussi appelée *la baie Sainte-Geneviève.* Voici ce que dit M. Plamondon, missionaire au Labrador: – "j'ai été frappé de la ressemblance de la baie Sainte-Geneviève avec la baie Saint-Laurent, décrite par Jacques Cartier. Il n'y a pas à s'y tromper. J'ai reconnu la montagne faite comme un tas de blé : on la nomme aujourd'hui *Tête de la perdrix.* J'ai vu la grande île *comme un cap de terre qui s'avance plus hors que les autres.*" Voir Ferland "*Cours d'Histoire du Canada,*" *Vol. 1*, note au bas de la page 23.

ensuite connaissance du mont Sainte-Geneviève et passèrent deux jours à explorer les îles de Mingan. S'étant approchés de la pointe occidentale de l'île d'Anticosti, ils furent informés par les deux sauvages qu'ils avaient enlevés, l'année précédente, et auxquels leur court séjour en France permettait de se faire comprendre en français, que c'était l'extrémité d'une grande île, au midi de laquelle était la route de Honguedo (Gaspé); et, qu'à deux journées au-delà du cap, commençait le pays de Saguenay qui s'étendait, en suivant la côte nord, jusqu'à celui de Canada.

Le lendemain, 15 août, ils traversèrent à la côte sud afin d'examiner le cap de la Madeleine et le Mont-Louis, ayant auparavant nommé l'île qu'ils laissaient derrière eux "l'Isle de l'Assomption" (*l'ysle de l'Assumption, B. R.*)[27], en l'honneur de la fête de Notre-Dame que l'on célébrait ce jour-là. Puis ils revinrent à la côte nord, et reconnurent la baie de Trinité et la pointe des Monts, où selon les sauvages, commençait 'le grand Fleuve d'Hochelaga, et le chemin du Canada, lequel allait toujours en étroississant jusques à Canada, et que là (à Canada), commençait l'eau douce et qu'elle remontait si loin que jamais personne n'en avait vu la source.' On serait naturellement porté à croire que les Français dûrent accueillir cette nouvelle avec joie, et qu'ils s'empressèrent de poursuivre leur découverte sans délai. Mais nous retrouvons ici un exemple frappant de la tenacité avec laquelle tous les explorateurs, à cette époque, persistaient à vouloir découvrir un passage au nord-ouest. Cette idée fixe d'une route par eau, pour atteindre

---

NOTE 27.—Charlevoix dit que l'ancien nom sauvage était *Nasticotec*. Le nom d'Anticosti lui aurait été donné plus tard par les Anglais. Les Montagnais l'appellent "*Natashkouek*" ce qui veut dire: lieu ou l'on va chercher l'ours.

l'Orient par le nord-ouest, semble dominer toutes leurs entreprises ; à quoi bon ce chemin tout ouvert devant eux, s'il ne conduisait qu'au *sud-ouest* et à l'eau douce, au lieu d'aller au *nord-ouest* et à la mer des Indes. Aussi, malgré que cela paraîsse bien étrange, Cartier se décida-t-il à ne pas remonter plus loin dans le fleuve, "sans auoir veu le reste de la dicte terre & coste deuers le Nort, qu'il auoit obmis veoir depuis la Baye *Sainct-Laurens* pour aller veoir la terre du Su pour veoir s'il y auoit aucun passaige." Le capitaine fit donc retourner les navires en arrière et, les ayant laissés à la baie des Sept-Isles, il remonta la rivière Moisie[28] avec ses barques.

Après avoir passé plusieurs jours à la recherche de l'introuvable passage au nord-ouest, ils durent renoncer à leur projet et revinrent aux navires qu'ils avaient laissés dans la baie des Sept-Iles, où le mauvais temps les retint jusqu'au 24 du mois. Ils appareillèrent ce jour-là, et continuèrent à remonter le fleuve jusqu'au havre du Bic, que Cartier trouva " de peu de valeur." Il le nomma le *hable des Ysleaux Sainct Jehan*, (B.R.), parcequ'il y entra le 29 août, jour auquel l'Eglise catholique célèbre la fête de la décollation de Saint-Jean Baptiste.

Le 1er. septembre, le Saguenay leur apparut avec les im-

NOTE 28 —Hakluyt dit : "Et à l'extrémité de ces terres basses, qui contiennent environ dix lieues, il y a une rivière d'eau douce, qui se décharge dans la mer avec tant d'impétuosité, que pendant l'espace d'une lieue de terre, elle est aussi douce qu'eau de fontaine."

Mr. Edward Cayley, B.A., dans un travail intitulé *"Up the River Moisie,"* dont il fit lecture devant la Société Littéraire et Historique de Québec, le 1er avril 1863, parle ainsi de la rivière Moisie:—

"La rivière devient tellement gonflée à cette saison (en juin), et se précipite avec tant de force à travers les gorges de montagnes, qu'il est extrêmement difficile d'en remonter le cours, etc...... La rivière était tellement gonflée qu'il nous était presque impossible d'avancer et qu'il nous fallait passer d'un côté à l'autre pour profiter de tous les remous possibles et éviter ainsi la force extrême du courant...... La rapidité du courant était telle que notre marche en était nécessairement bien lente, étant souvent obligés d'aller à la perche, et même de nous servir de la ligne pour venir en aide à la perche."

posantes montagnes qui en gardent l'entrée. A l'embouchure de cette rivière, quatre canots remplis de sauvages vinrent à leur rencontre ; ceux qui les montaient appartenaient, paraît-il, à la même tribu que les interprètes, car ces derniers, après s'être fait connaître d'abord, puis avoir introduit les Français, expliquèrent leur présence aux sauvages qui parurent satisfaits.

Le lendemain matin, la petite flotte, laissant derrière elle le Saguenay, continua à remonter le fleuve jusqu'à l'île aux Lièvres (ainsi nommée par Cartier, l'année suivante), où ils passèrent la nuit. Les marsouins, qu'ils virent s'ébattre autour des navires, les remplirent de surprise ; Cartier en fait une description minutieuse, et il ajoute : " les gens du pays les nomment " "*Adhothuys*" ; et nous ont dict qu'ils sont fort bons à manger."

Le 6e jour du mois, ils vinrent mouiller à l'Isle aux Coudres, (*l'ysle es Couldres*, B.R.,) que Cartier nomma ainsi à cause de la quantité de coudriers qu'ils y trouvèrent, " fort chargés de noisettes aussi grosses et d'une meilleure saveur que les nostres." Ils apprirent que cette île était le commencement de la terre de Canada. Le havre où les navires de Cartier passèrent la nuit est situé sur la côte nord de l'île, et est différemment appelé le " Havre de Jacques Cartier," son premier nom sans doute,—" la baie de la Prairie," à cause de la prairie qui couvre une partie de la grève, et " le mouillage des Anglais," parceque l'avant-garde de la flotte anglaise, sous la conduite de l'amiral Durell, y jeta l'ancre, le 23 juin 1759.

Le lendemain, veille de la Nativité de la Sainte-Vierge [29],

---

NOTE 29.—Par conséquent, le 7 septembre 1535 ; car suivant le calendrier romain, actuellement en usage, la fête de la Nativité de la B. V. M. tombe le 8 eptembre. Nous suivons ici Hakluyt, et voici comment il s'exprime : " The

ils continuèrent leur course après avoir entendu la sainte Messe—"*Apres auoir ouy la Messe*"—B. R.

Comme il est généralement admis que c'est en cette occasion que fut célébrée la première messe en Canada, dont nous ayions une preuve authentique, il n'est pas hors de propos de laisser, pour quelques instants, Cartier et son équipage continuer leur route vers l'île d'Orléans, afin d'examiner ce point d'histoire assez curieux : quand et par qui le saint sacrifice de la messe a-t-il été célébré pour la première fois en Canada ? ou bien encore : Cartier avait-il des prêtres avec lui, dans ses voyages au Canada ? Si l'on admet l'affirmative, il n'y a point de doute que la première messe, dont la célébration est consignée dans nos annales comme ayant eu lieu sur le territoire canadien, tel qu'on l'entendait avant la Confédération, doit avoir été dite, par un de ses aumôniers, à l'île aux Coudres, le mardi, 7 septembre 1535. Si nous donnons au mot Canada l'acception plus étendue qu'il comporte aujourd'hui, supposant toujours la présence de prêtres sur les vaisseaux de Cartier, le saint Sacrifice aurait été offert, pour la première fois, sur cette partie du continent, au port de Brest, le 11 juin de l'année précédente. Nous allons maintenant examiner cette question un peu plus attentivement.

Les principales raisons qui semblent appuyer l'opinion que des prêtres accompagnaient l'expédition, sont les suivantes—

---

seventh of the month, being our Ladies' even, after service," etc. Le *Brief Recit* porte : "Le septiesme iour dudict moys iour nostre dame, apres auoir ouy la messe," etc. Sur ce sujet nous allons citer ce que dit l'abbé Faillon : "Le savant pape Benoit XIV. fait remarquer que la fête de la Nativité de Marie n'a pas toujours été célébrée le 8 de Septembre ; et en effet, on la trouve marquée au 7 de ce mois dans plusieurs anciens martyrologues auxquels on se conformait encore, en Bretagne, du temps de Jacques Cartier." Voir, Faillon, *Histoire de la Colonie Française en Canada.*" Vol. 1, p. 13, *Note.*

1°. La *Relation* dit expressément que la messe fut dite;—l'expression " *Après auoir ouy la messe*," se rencontre souvent dans le *Brief Recit*, que l'on suppose avoir été rédigé par Cartier lui-même ; la version de Ramusio emploie toujours le mot " *Messa* "—" *dopo vdita la messa*," et ailleurs " *Et la domenica facēmo dir la messa*." Hakluyt, il est vrai, traduit " Messa " par " Service,"[30] mais Hakluyt était un protestant qui écrivait à une époque de fanatisme outré, et que l'usage du mot propre, pour quelque raison difficile à comprendre, effrayait peut-être ; car c'est un fait remarquable que sa version diffère presque toujours du *Brief Recit* lorsqu'il s'agit de rendre les expressions évidemment catholiques qui se rencontrent dans ce dernier, et sa traduction du mot qui nous occupe maintenant en est un exemple frappant.

2°. Le rôle d'équipage des vaisseaux de Jacques Cartier contient les noms de " Dom Guillaume le Breton," et de " Dom Anthoine " ; or l'on prétend que la particule " Dom" dénote le caractère sacerdotal de ces hommes.

3°. Lorsque les habitants de Stadaconé s'efforçaient de dissuader Cartier de remonter à Hochelaga, celui-ci leur ayant dit que leur dieu était un imposteur, ils lui demandèrent s'il avait " parlé à Jésus " ? Ce à quoi il répondit : " non, mais que ses prêtres lui avaient parlé et qu'il leur avait dit qu'il ferait beau temps."

Ces raisons semblent suffisantes à l'abbé Faillon et à quelques autres historiens pour affirmer, d'une manière certaine, que des prêtres accompagnaient l'expédition. Sans

---

NOTE 30 —Sir Richard Clough envoyant de Bruxelles, à Sir Thomas Gresham, un compte rendu des obsèques de l'empereur Charles-Quint, qui eurent lieu en cette ville, le 29 et le 30 décembre 1558, parle de la messe de Requiem, comme acte d'un caractère distinctif dans l'ensemble des cérémonies, précisément dans les mêmes termes que ceux d'Hakluyt, "*et le service étant fini*, un gentilhomme monta sur le char funèbre, etc." Voir Motley, " Rise of the Dutch Republic." Vol. I. p. 206

prétendre absolument le contraire, nous croyons que cette question, comme beaucoup d'autres, est sujette à discussion, et qu'il est extrêmment difficile, pour ne pas dire impossible, d'arriver à la solution définitive de ce point d'histoire ; d'un autre côté, on peut alléguer :

1°. Que Cartier donne indirectement à entendre qu'il n'avait point de prêtres avec lui.

A leur retour de Hochelaga, les gens de l'expédition profitèrent du succès de leur voyage pour faire remarquer aux sauvages que leur dieu Cudragny était un imposteur, et qu'il ne savait point ce qu'il disait, quand il leur présageait toutes sortes de malheurs dans cette visite. Alors Cartier profita de cette occasion pour leur expliquer la doctrine catholique d'un seul vrai Dieu; il leur apprit aussi que ce Dieu Tout-Puissant avait commandé aux hommes de croire en Lui et qu'il fallait être baptisé. Ce discours fit une telle impression sur les sauvages "qu'ils supplièrent instamment notre Capitaine (remarquez, *notre Capitaine*) de les faire baptiser, et y sont venus le dit Seigneur, Taignoagny, Domagaya, avecque tout le peuple de leur ville, espérant être baptisés, (*pour le cuyder estre*) ; mais parceque ne sçavions leur intention et courage, et qu'il n'y avoit personne qui leur remonstrast la Foy, pour lors fut pris excuse vers eux, et dit à Taignoagny et Domagaya qu'ils leur fissent entendre que retournerions un autre voyage et apporterions des Prêtres et du Cresme leur donnant à entendre pour excuse, que l'on ne peut baptiser sans le dit Cresme ; ce qu'ils crurent aisément, car Domagaya et Taignoagny avaient vu baptiser plusieurs enfants en Bretagne, pendant qu'ils y étaient." [31]

NOTE 31.—Voici cette citation telle qu'elle se trouve dans le *Brief Recit* :...... "*mais par ce que ne scauiõs leur intẽtiõ & couraige, & qu'il n'y auoit q̃ leur*

2. A part les cas que nous venons de mentionner, on ne saurait trouver, dans le récit des voyages de Cartier, la moindre allusion à aucun ministre du culte, quoique l'occasion d'en parler se soit présentée assez fréquemment. Lorsqu'au premier voyage, les équipages s'agenouillèrent au pied de la croix qu'ils avaient élevée, à Gaspé, ce fut Cartier lui-même qui expliqua aux sauvages le sens de l'emblême sacré. Lorsque Cartier prend la peine de nous donner les noms des gentilshommes qui l'accompagnèrent à Hochelaga, il n'y fait pas mention de prêtres, quoiqu'il soit peu probable que s'il eût eu des aumôniers sur ses vaisseaux, il aurait entrepris cette expédition périlleuse, en pays inconnu, sans en prendre au moins un avec lui. A Hochelaga, c'est Cartier qui fait réunir les sauvages, pour leur donner la lecture de l'Evangile, qu'il fait lui-même, à haute voix. Lorsque les matelots, attaqués du scorbut à Stadaconé, imploraient l'assistance divine, ce fut "Notre Capitaine" qui donna l'ordre de placer l'image de la Vierge à quelque distance du fort et de s'y rendre en procession.

Il nous semble donc très peu probable que Cartier se serait ainsi arrogé la conduite des offices religieux, chaque fois que l'occasion s'en présentait, s'il avait eu avec lui des personnes autorisées, par leur état, à prendre la direction

---

remōstrāt la foy pour lors, feust prins excuse vers eulx. Et dict à Taignoagny & Domagaya, qu'ilz leur feissēt entēdre q̄ retourneryōs vng aultre voyage, & apporterōs des prestres & du cresme, leur dōnāt a entēdre pour excuse, q̄ lon ne peult baptiser sās ledict cresme."

Bien que l'auteur du *Brief Recit* dise qu'il reviendrait bientôt et amènerait des prêtres et du chrême avec lui, faisant incidement la remarque que, sans chrême, il ne pouvait pas baptiser, M. Faillon prétend que l'auteur ne voulait pas donner à entendre qu'il n'avait point de prêtres avec lui. Il suppose que Cartier trouva que les sauvages n'étaient point suffisament préparés pour recevoir le sacrement de Baptême, et que, lorsqu'il ajoute "qu'il n'y avait personne qui leur remonstrast la Foy," il voulait dire qu'il n'y avait point de prêtres qui fussent en état de comprendre suffisamment bien la langue des sauvages pour leur donner les instructions nécessaires.

spirituelle de l'expédition. D'ailleurs, peut-on raisonnablement supposer qu'un homme, aussi profondément religieux que le capitaine malouin, n'ait pas cru devoir, une seule fois, faire la moindre allusion (si ce n'est pour nier leur présence) à ses aumôniers qui, eussent-ils fait partie de l'expédition, auraient, pendant le long hiver passé sur la rivière Saint-Charles, été constamment employés à secourir les malades et les mourants, et à célébrer, sur la dépouille mortelle de leurs compagnons défunts, les rites funèbres de la sainte Eglise.

Le chroniqueur se serait sans doute fait un devoir de mentionner, avec éloges, cet héroïsme qui distingue toujours le prêtre catholique en pareils cas ; il nous aurait décrit l'administration des derniers sacrements et la cérémonie solennelle du *Requiem* que l'Eglise chante sur la froide dépouille de ceux qui meurent dans son sein. Pourtant, il n'y a pas un seul mot de tout cela.

"Et pour l'heure y en avoit jà plusieurs de morts, lesquels, il nous convint mettre par foiblesse sous les neiges ; car il ne nous étoit pour lors possible d'ouvrir la terre qui estoit gelée, tant estions foibles." (*Voyages de Cartier. Edit de Québec.*)

Voilà tout ce qu'il trouve à dire, à propos des services religieux qui auraient accompagné l'enterrement de ses gens. Quelle différence avec les autres relations des explorateurs de la Nouvelle-France, où presque chaque page atteste la présence du clergé, annonçant l'Evangile, administrant les sacrements aux mourants, et bénissant la tombe de ceux que la mort avait pris !

3. Lorsque Champlain mentionne que les Récollets dirent la messe à la rivière des Prairies, le 24 juin 1615, il remarque

précisément qu'ils furent les premiers à célébrer le saint sacrifice, en ce pays.[32]

Mais on pourrait demander avec raison : comment concilier cette manière de voir avec les arguments de ceux qui soutiennent que Cartier avait des prêtres avec lui ?

D'abord, quand à la troisième objection que nous avons reproduite, elle ne nous paraît pas bien forte. On n'a jamais prétendu que le don de faire la pluie ou le beau temps fut un des attributs du sacerdoce catholique. Lorsque nous voyons Cartier annoncer aux sauvages que les ministres de Jésus lui avaient promis du beau temps pour son voyage à Hochelaga, nous ne pouvons admettre qu'il eut, pour un moment, l'idée de rabaisser la dignité du prêtre au rang du jongleur de la forêt. En s'exprimant ainsi, il voulut simplement montrer le peu de cas qu'il faisait des prédictions des sauvages, ou encore, faire allusion à la bénédiction solennelle que son équipage avait reçue quelque temps auparavant, dans le cathédrale de Saint-Malo.

La présence de la particule 'Dom' devant deux noms, sur le registre de Cartier, est une objection plus considérable. Tout le monde sait que cette particule sert à distinguer les religieux de l'ordre de Saint-Benoit et de Citeaux, et nous admettons notre impuissance à expliquer son emploi en cette circonstance.[33]

NOTE 32.—Voici le texte même de Champlain "car c'estoient les premiers qui y ont celebré la Saincte Messe." *Champlain. Ed. de 1619, réimpression Laverdière, page 16.* Parlant de la célébration de la messe, à Québec, quelques jours plus tard, il ajoute : "Pour retourner à la continuation de mon voyage, i'arriuay audit lieu de Québec le 26, où ie trouuay le Pere Iean & le Pere Pacifique en bonne disposition, qui de leur part firent leur debuoir audit lieu, d'apprester toute choses. Ils y celebrerent la saincte Messe, qui ne s'y estoit encores ditte, aussi n'y auoit-il jamais esté de Prebstre en ce costé-la" Au bas de la même page se trouve la note suivante—"Le Mémoire des Récollets de 1637 (Archives de Versailles) dit formellement que, "la premiere Messe qui fust jamais dicte en la Nouuelle France, fut celebrée par eux à la riuiere des Prairies, & la seconde à Quebec."

NOTE 33.—La position que ces deux noms occupent sur le rôle d'équipage n'est

La principale objection, cependant, nous paraît être que Cartier répète, à plusieurs reprises, que la messe fut dite. Par exemple, rien de plus clair que ce qui suit ;—"*Et ordonna que le dimêche en suyuant l'on diroit audict lieu la messe . . . . . . La messe dicte & celebrée.*" (*Brief Recit.*)

A cela nous pouvons répondre que ce n'est qu'un simple énoncé du fait, sans aucune des réflexions qui viendraient naturellement à l'esprit d'un bon chrétien, et que Cartier n'aurait pu s'empêcher de consigner dans son journal, s'il avait eu le bonheur d'assister à la première célébration du saint sacrifice dans la Nouvelle-France. Aux yeux de Cartier, cet acte sublime devait être ce qu'il a y de plus grand sur la terre. Et dire que celui qui se montre toujours si fidèle à noter les moindres incidents se rattachant à la religion—qui décrit au long l'érection d'une croix de bois, nous donne sa hauteur, et le texte de l'inscription qu'il y avait fait graver—qui raconte au long les cérémonies qui accompagnèrent cette prise de possession et l'effet qu'elles produisirent sur les sauvages, dire que ce narrateur si précis se serait contenté de mentionner, en passant, l'événement de la première élévation, en Canada, de la Divine Victime elle-même, sous les apparences visibles qu'elle a choisies pour se communiquer à nous, est une prétention que nous sommes incapables d'accepter. Nous aimons mieux croire que le mot 'Dom' est une interprétation défectueuse de l'original (voir appendice E.), ou bien qu'il faut lui donner une signification différente de celle qu'on lui attribue généralement, (par exemple,

---

pas de nature à faire supposer que ce sont ceux des aumôniers de l'expédition. Au lieu de paraître avec ceux des officiers, à la tête de la liste, où l'on s'attendrait naturellement à les trouver, nous les voyons près de la fin—les 54 et 55e. sur une liste de 74—entre un simple marin et un des charpentiers de l'équipage. (Voir Appendice E.)

une abréviation de Dominique). De même, le mot 'Messe' pourrait signifier certaine forme du culte, qu'une réunion de laïques pourraient offrir à Dieu.[34]

Cette manière de voir nous paraît préférable à la supposition que Cartier aurait entrepris des voyages périlleux, qu'il aurait vécu au millieu de peuplades infidèles que ses gens auraient souffert des privations de toutes sortes, la maladie et même la mort ; et que, ayant eu des prêtres avec lui pendant tout ce temps, il serait entré dans le détail de ses difficultés, sans faire aucune allusion à ceux dont le ministère sacré lui aurait été, en ces circonstances, d'un si grand secours.

Nous avouons que nos conclusions ne sauraient être décisives, mais il faut en reporter la faute à l'historien qui relate que la messe fut dite et ajoute, immédiatement après, qu'il n'avait pas avec lui ceux-là seuls qui avaient le pouvoir de la célébrer. Nous serons satisfait si nous avons réussi à établir que l'abbé Faillon et quelques autres historiens ne peuvent logiquement prétendre que cette question n'admet plus de doute.

Maintenant, revenons à nos voyageurs. Leurs pieux exercices terminés, ils continuèrent à remonter le fleuve jusqu'à l'île d'Orléans, sur le côté nord de laquelle ils jetèrent l'ancre. Ayant fait une descente à terre, ils rencontrèrent sur le rivage des sauvages qui firent d'abord mine de fuir, mais les interprètes leur ayant dit qu'ils étaient Taignoagny et Domagaya, ils se montrèrent plus rassurés, et s'approchèrent en grand nombre des navires, apportant avec eux du

---

NOTE 34.—L'abbé Faillon prétend que cette pratique était inconnue en France, parmi les catholiques, cependant nous voyons Cartier lui-même, dont la catholicité ne saurait être mise en doute, faire la lecture de l'Evangile et des livres d'office de l'Eglise, et prier en public, à Hochelaga.

maïs et des fruits qui durent être appréciés par les voyageurs. L'île leur parut fertile et agréable, et couverte de vignes, c'est pourquoi ils l'appelèrent l'île de Bacchus (*l'ysle de Bacchus*, B. R.)

Le lendemain, Donnacona, le seigneur de Canada, vint rendre une visite de cérémonie aux navires, suivi de douze canots, sur l'un desquels il débita un longue adresse, se tenant cependant à une certaine distance du rivage. Les interprètes répondirent à Donnacona et lui racontèrent leurs aventures, l'informant qu'ils avaient traversé la grande mer et avaient été bien traités par les Français. Le vieux chef parut très satisfait de leurs explications ; il se rendit sur la nef du capitaine et lui fit ses compliments, suivant la mode du pays.

Bien que Cartier affirme positivement que Stadaconé était la résidence de Donnacona et "des deux hommes qu'il avait pris dans le premier voyage," M. Hawkins, dans son livre intitulé "Picture of Quebec," prétend qu'il était impossible que les habitants de Stadaconé connûssent les deux interprètes personnellement, et il suppose que les noms de Taignoagny et de Domagaya ne désignaient pas spécialement ces individus, avant que Cartier fit leur rencontre à Gaspé, mais qu'ils ont plutôt rapport à leurs aventures dans la suite, servant à rappeler quelqu'événement important dans leur existence, par exemple, un voyage en quelque pays étranger, habité par des blancs et d'où celui qui l'avait fait serait revenu heureusement." D'après lui, on ne peut pas raisonnablement supposer que les sauvages du Saguenay et de Stadaconé connaissaient les noms des deux jeunes sauvages pris à Gaspé—à plusieurs centaines de milles de distance—tandisque la nouvelle d'une circonstance aussi extraordinaire, communiquée, comme il le suppose, par ces deux noms, serait une explication suffisante de l'effet qu'ils auraient produit. Il est cependant clairement établi, dans la relation de Cartier, que les sauvages qu'il rencontra à Gaspé différaient complètement de ceux qu'il avait déja vus.[35]

Il nous apprend même, en toutes lettres, qu'ils n'appartenaient point à cette région, mais qu'ils venaient de l'intérieur et ne se rendaient à la mer que pour y faire la pêche.

Bien plus, dans le récit qu'il fit du massacre de deux cents hommes de sa tribu, par les Trudamans, Donnacona mentionne qu'ils se rendaient à Honguedo (Gaspé), montrant, par là, que ses gens étaient dans l'habitude de visiter le bas du Saint-Laurent, pendant la saison de pêche. Il faut aussi remarquer que les interprètes furent loin de recevoir, des naturels du Saguenay, une réception aussi cordiale que celle dont ils furent l'objet à l'île d'Orléans.

Au Saguenay, l'un des interprètes se nomma aux sauvages, " puis fit leur connaissance et les fit venir seurement à bord." On peut supposer qu'il leur dit : " Je suis Taignoagny, neveu de Donnacona, le seigneur de Stadaconé. Vous n'avez rien à craindre des visages pâles qui sont nos amis." Il est évident qu'ils ne s'étaient jamais rencontrés auparavant. Mais l'entrevue qui eut lieu à l'île d'Orléans, quelques jours plus tard, est bien différente, et les joyeuses démonstrations qui accueillirent les interprètes nous portent à croire qu'ils n'étaient pas regardés comme étrangers. Plus loin, nous verrons que Donnacona fit présent à Cartier de quelques enfants, dont un était le frère de Taignoagny, comme il le dit lui-même au capitaine, lorsque la cérémonie

---

NOTE. 35.—"Ils (les sauvages de Gaspé) n'ont ni la nature ni le langage des premiers que nous avons trouvés." (*Premier Voyage de Cartier. Edition de 1843.*)

fut terminée. Il est vrai que Taignoagny peut avoir fait un mensonge, car on verra plus loin qu'il n'était qu'un vaurien de la plus belle eau, ou, comme Hakluyt l'appelle, "a craftie knave," et son témoignage ne vaut pas grand'chose ; mais si on le rapproche de certains événements qui arrivèrent par la suite, et dans lesquels les interprètes jouèrent un rôle principal, il nous paraît évident que ces deux sauvages avaient autrefois demeuré à Stadaconé, et que le pays ainsi que ses habitants leur étaient bien connus.

Cartier ne mit pas de temps à s'apercevoir que cet endroit possédait des avantages naturels qui le rendaient le lieu le plus convenable qu'il pût choisir pour ses quartiers d'hiver. Après un court examen des environs, il fit appareiller les navires et donna l'ordre de remonter le fleuve, depuis le bas de l'île d'Orléans, jusqu'à l'endroit qu'on appelle aujourd'hui le havre de Quebec et qu'il nomma Sainte-Croix (*saincte-Croix,* B.R.), parcequ'il y entra, avec ses navires, le 14 septembre, fête de l'exaltation de la Sainte-Croix. Pour quiconque connaît la localité, il n'y a point lieu de s'étonner des louanges que Cartier fait de cet "affourc d'eau fort beau et plaisant," et du magnifique panorama qui s'offrit alors à son admiration.

Le 16ème jour de septembre, Cartier fit avancer les deux plus grands navires dans la rivière Saint-Charles, laquelle reçut le nom déjà donné au bassin, et il laissa *l'Emérillon* en rade pour s'en servir lorsqu'il serait prêt à aller à Hochelaga. On place généralement l'endroit où Cartier mit ses navires en hivernement et où il construisit ensuite le fort, au confluent de la petite rivière Lairet et de la rivière Saint-Charles, sur la rive gauche de la première.[36] En face, de

---

NOTE 36.—Voir appendice F.

l'autre côté de la rivière, s'élevait Stadaconé, résidence du chef Donnacona et de sa cour. Cartier représente la ville sauvage comme ayant une certaine étendue, assez bien bâtie et munie de provisions. Le pays avoisinant devait être très fertile, et les sauvages paraîssent avoir eu des notions de culture assez avancées ; car, quoique le narrateur nous dise qu'ils n'aimaient point beaucoup le travail, il ajoute "qu'ils labourent leurs terres avec petits bois de la grandeur d'une demie espée," et ailleurs : " ils deracinèrent les arbres pour cultiver et labourer la terre," enfin il termine en disant que le labour se faisait, en grande partie, par les femmes.

Le site de Stadaconé n'est point connu d'une manière précise. La bourgade devait certainement s'élever sur cette partie de l'emplacement de Québec qui fait face à la rivière Saint-Charles, à deux ou trois milles de distance de l'endroit où le Lairet se jette dans cette dernière. M. Ferland pense qu'il est assez probable que "Stadaconé était situé dans l'espace compris entre la rue de la Fabrique et le côteau de Sainte-Geneviève, près de la côte d'Abraham," et nous avons la meilleure opinion possible de l'étendue et de l'exactitude des connaissances de l'abbé Ferland.

Si l'on en excepte Taignoagny et Domagaya, le premier surtout qui commença dès lors à s'éloigner des Français, les sauvages prirent un vif intérêt à voir ces derniers remorquer leurs navires ; le lendemain, Donnacona, accompagné par environ cinq cents de ses sujets, fit une visite à Cartier qui les reçut avec sa courtoisie habituelle et leur fit quelques menus présents. Les interprètes qui avaient, depuis leur arrivée, manifesté une certaine répugnance à accompagner les Français à Hochelaga, profitèrent de cette visite pour apprendre au capitaine le chagrin qu'éprouvait Donnacona de voir les étrangers persister dans leur dessein, ajoutant qu'il ne voulait aucunement leur permettre de les y accompagner. A ceci Cartier répondit que son souverain lui avait ordonné de faire ce voyage, et que rien au monde ne pourrait l'empêcher de suivre les ordres qu'il avait reçus. Les sauvages partirent bien désappointés, mais ils revinrent le lendemain avec des présents, y compris une jeune fille et deux petits garçons, que Donnacona offrit au capitaine avec beaucoup de démonstrations ; un de ces derniers se trouvait être le frère de Taignoagny. La jeune fille était la nièce de Donnacona.

Lorsque la cérémonie fut terminée, Taignoagny avertit Cartier que ces présents lui avaient été donnés, expressément dans le but de l'empêcher d'aller à Hochelaga. D'un autre côté, Domagaya l'assura que les mêmes presents étaient offerts en gage de bonne amitié, qu'ils n'avaient aucun rapport à Hochelaga, et que Donnacona n'avait maintenant aucune objection à le voir entreprendre ce voyage. Une vive dispute s'éleva à ce sujet entre les deux interprètes, et il devint dès lors évident aux Français que Taignoagny les trahissait.

C'est un fait bien curieux que cette hostilité que les sauvages témoignèrent contre le projet qu'avait formé Cartier de remonter la rivière ; ostensiblement, les principales raisons qu'ils apportaient étaient :—

1°. Que la navigation était mauvaise.

2°. Que Hochelaga n'était d'aucune importance.

3°. Que le froid y était tellement rigoureux que, lors même que les Français surmonteraient les périls du voyage, ils ne pourraient endurer la sévérité du climat.

Mais il est probable que le véritable motif était la crainte de voir les étrangers leur préférer la compagnie des gens d'Hochelaga et ne pas revenir de sitôt. Ce qui nous confirme dans cette opinion, c'est que leurs protestations contre la visite à Hochelaga suivaient toujours une distribution de présents et que la peur de voir s'épuiser ailleurs un fonds si précieux les faisait redoubler d'insistances.

Le lendemain, Donnacona vint de nouveau rendre visite à Cartier, et lui manifesta le désir d'entendre tirer une pièce d'artillerie afin d'avoir une idée de l'effet produit, ajoutant que ses gens n'avaient jamais, de leur vie, rien entendu de pareil, et que Taignoagny et Domagaya lui en avaient "faict feste." Le capitaine y consentit volontiers, et par son ordre, les canons tonnèrent portant la terreur chez les pauvres sauvages, qui, croyant que le ciel leur tombait sur la tête, se mirent à hurler si fort qu'il sembla aux Français "que enfer y feust vuide." C'était le première fois que les rives du grand fleuve répétaient aux échos lointains la voix majestueuse de l'airain. Pour la première fois aussi la riante vallée de la Saint-Charles fut obscurcie par cette fumée de la poudre qui devait, plus tard, planer bien des fois sur ses rives. Aussi le pauvre sauvage, épouvanté par ces mugissements du canon ébranlant les assises du promontoire où il avait planté sa frêle demeure, et se prolongeant au loin sur les eaux, repercutés par les hauteurs de Lévis, le pauvre sauvage, avait bien raison d'être terrifié par le bruit de cette artillerie, qui proclamait de manière à ne pas s'y méprendre, que son règne, sur cette terre de ses ancêtres, allait bientôt finir.

Cartier devait cependant rencontrer d'autres obstacles avant de partir pour Hochelaga. A bout d'arguments,

Donnacona et ses amis eurent recours au surnaturel, et s'efforcèrent par le moyen d'un stratagème, ou "d'une grande finesse," (Ed. de 1843), d'arriver au résultat que leurs arguments n'avaient pu obtenir.

Le 18 septembre, ils déguisèrent trois des leurs en diables, les revêtant de peaux de chiens, après leur avoir mis des cornes énormes sur la tête. Ces prétendus émissaires du dieu Cudragny, le visage horriblement badigeonné, furent placés dans un canot au milieu de la rivière. Les autres demeurèrent cachés dans les bois, attendant que la marée montante vint pousser le canot dans la direction des navires. Lorsque l'heure fut arrivée, les sauvages sortirent du bois et se rassemblèrent sur la grève, en face des navires, comme ils en avaient l'habitude. Ne se doutant de rien, Cartier hèla Taignoagny et lui demanda s'il désirait venir à bord ; ce dernier répondit qu'il s'y rendrait dans quelques instants. En ce moment même, le canot portant les 'diables' parut à la vue de tous et s'approcha des navires. Comme il passait le long de ces derniers, les diables se levèrent et celui de milieu, regardant droit devant lui, comme s'il eût lu dans le livre de l'avenir, débita son message, d'une voix sonore et sans s'arrêter un instant. A peine le canot eût-il touché le rivage que Donnacona et ses gens se précipitèrent à sa rencontre, mais au moment même, les 'diables' s'affaissèrent sur le sol ou ils restèrent comme morts ; alors les sauvages les transportèrent avec le canot dans le bois voisin, où ils reprirent bientôt leur sens et réitérèrent leur avertissement aux étrangers. Les gens de Cartier, quoiqu'ils entendissent tout ce bruit,du pont de leurs navires,ne pouvaient s'en expliquer la nature. Aussitôt que le tapage eut cessé dans le forêt, Taignoagny et Domagaya s'avancèrent, le premier criant : " Jésus ! Jésus ! Jésus !" et l'autre, d'un air épouvanté, répétait aussi : " Jésus ! Maria ! Jacques Cartier !" Voyant toute cette excitation, Cartier leur en demanda la cause ; ils lui répondirent que leur dieu Cudragny avait envoyé ses messagers annoncer aux étrangers qu'il y avait tellement de neige et de glace à Hochelaga que, quiconque aurait la hardiesse de s'y rendre périrait infailliblement de froid. Les Français accueillirent cette nouvelle avec des éclats de rire et dirent aux sauvages, tout confus, que Cudragny " n'était qu'un imbécile et un idiot," qu'il ne savait ce qu'il disait, ajoutant, avec une certaine naiveté : " que Jésus les garderait bien du froid s'ils lui vouloient croire."[37]

Voyant que c'était en vain qu'ils cherchaient à détourner Cartier de son projet, les sauvages cessèrent de s'y opposer ; toutefois, Donnacona lui fit savoir, par ses interprètes, qu'il ne permettrait à aucun de ses gens d'accompagner l'expédition, à moins que le capitaine ne laissât quelqu'un en ôtage à Stadaconé ; ce qui lui fut refusé.

Le lendemain de cette mascarade, le 19 septembre, Cartier partit pour Hochelaga, sur *l'Emérillon* qui était demeuré en rade, comme nous l'avons déjà vu. Il emmenait avec lui : Macé Jalobert, capitaine de *la Petite Hermine*, Guillaume le Breton-Bastille, capitaine de *l'Emérillon*, Claude de Pontbriand, Charles de la Pommeraye, Jehan Poullet, Jehan Gouion (Guyon), les autres gentilshommes de sa

---

NOTE 37.—Dans un article sur *le Canon de Bronze* qui fut trouvé dans le lit du Saint-Laurent, en face de la paroisse de Champlain, en 1826, M. Amable Berthelot prétend que, par cette pantomime, les sauvages voulaient faire allusion au prétendu naufrage de Verrazzano dans le Saint-Laurent. (Voir les comptes rendus de la Société Littéraire et Historique de Québec, pour l'année 1830.) Cette supposition n'a d'autre fondement que l'imagination trop vive de M. Berthelot, et n'est appruyée sur aucun document historique. Car on ne saurait raisonnablement mettre en doute le fait que Jacques Cartier était le premier Européen que les sauvages de Stadaconé eussent jamais vu.

suite, et cinquante mariniers. Avec l'aide de la marée, ils remontèrent aisément le fleuve, dont les rives offraient aux voyageurs le spectacle enchanteur de terres abondamment pourvues de tout ce que peut désirer le cœur de l'homme : une variété infinie d'arbres, de fleurs et de fruits. Ils mirent à terre en plusieurs endroits, et cueillirent des raisins sur les vignes qui croissaient en abondance tout le long du fleuve, faisant chaque fois une abondante provision. Ils s'arrêtèrent, quelques instants, à un endroit appelé Ochelay.[38] qu'il nous dit être situé à 25 lieues de Canada, ou de Stadaconé. Quoique la distance donnée par Cartier soit bien trop grande, la description qu'il fait d'Ochelay doit, en toute probabilité, s'appliquer à la Pointe-au-Platon. Le long du fleuve, ils remarquèrent des habitations, appartenant sans doute à des gens qui faisaient la pêche. A Ochelay commençait un royaume presque indépendant. Plusieurs canots vinrent du rivage à leur rencontre, l'un d'eux était monté par le chef du pays ; ce personnage, après avoir débité le discours d'usage, en pareille circonstance, fit plusieurs démonstrations amicales, renseigna les voyageurs sur la route à suivre pour remonter la rivière, et les pria même d'accepter deux enfants : une petite fille de huit ans, et un petit garçon de deux à trois ans ; ce dernier fut refusé à cause de son extrême jeunesse. Mais Cartier garda la petite fille, et ce fut elle qui lui servit d'interprête dans son troisième voyage.

Le 28 du même mois, ils arrivèrent à un "grand lac et

NOTE 38.—Ochelay, selon le *Brief Recit* ; Hochelay et Hochelai, dans Hakluyt ; Achelaiy et Achelayy dans les versions manuscrites et dans la relation du second voyage ; Achelacy, dans Lescarbot et Champlain. Dans son livre intitulé "Picture of Quebec," Hawkins place Ochelay à l'embouchure du Richelieu, tandis que le Rév. M. DeCosta commet une erreur bien plus grande en confondant Ochelay avec Hochelaga. La Pointe-au-Platon est à trente milles marins de Quebec.

plaine du dit fleuve."[39] A l'extrémité occidentale du lac, ils rencontrèrent, sur une petite île, cinq sauvages qui s'approchèrent sans manifester la moindre crainte ; l'un d'eux enleva même Cartier dans ses bras et le porta du navire au rivage. Les Français remarquèrent que ces sauvages avaient une grande quantité de " rats sauvages qui vivent dans l'eau."[40]

Les explorateurs, que rien ne pouvait arrêter dans leur course vers la réalisation de leurs rêves de mines d'or et d'argent, étaient bien loin de s'imaginer que ces "rats-sauvages" deviendraient un jour une source de richesse pour la Nouvelle-France.

Ne pouvant pas trouver le chenal principal entre les îles, nos voyageurs se virent bientôt dans un grand embarras, le peu de profondeur d'eau dans le lac ne leur permettant d'avancer qu'avec difficulté. Enfin, Cartier fut obligé de laisser *l'Emérillon* près de l'embouchure de la rivière Richelieu, dont il n'avait pas même soupçonné l'existence. Il fit donc approvisionner les barques et, accompagné des deux capitaines, des gentilshommes de sa suite et de vingt-huit mariniers, il continua à remonter le fleuve, à force de rames, jusqu'à une petite distance de Hochelaga, où ils arrivèrent le 2e jour d'octobre.[41] On ne s'accorde point sur l'endroit

---

NOTE 39.—Le lac Saint-Pierre, auquel Cartier ne paraît pas avoir donné de nom. Quelques années plus tard cependant, il reçut le nom de lac d'Angoulême, et ce changement doit s'être effectué bien peu de temps après l'époque des voyages de Cartier, car, Thévet dans sa *Cosmographie Universelle*, publiée en 1575, Vol. 2, p. 1011, en parle comme suit : " Ce lac porte le nom d'Angoulême à cause du lieu de ma naissance "—remarque d'une modestie douteuse qu'il répète au sujet de certain cap de la Nouvelle-France qui avait reçu le même honneur. De plus, dans la version que Hakluyt nous donne des voyages de Cartier, publiée en 1600, une note en marge à cet endroit porte ; " The lake of Angoleime."

Champlain prit connaissance de ce lac, pour la première fois, le 29 juin 1603, fête de Saint-Pierre et de Saint-Paul. C'est à cette circonstance, sans doute, qu'il faut attribuer le changement de nom qui remonte à cette date.

NOTE 40.—Rats-musqués.

NOTE 41.—Le *Brief Récit* porte " *Dixneufiesme.*" ce qui est évidemment une erreur

précis où Cartier laissa ses barques en arrivant à Hochelaga. Après examen nous sommes porté à croire que ce fut au pied du courant Sainte-Marie.[42] A cet endroit, audelà de mille personnes, venues de la bourgade à leur rencontre, les accueillirent avec les démonstrations de bienvenue les plus enthousiastes.

Nous n'avons rien rencontré dans la relation des voyages de Cartier qui nous ait autant frappé, par leur singularité presque inexplicable, que les témoignages d'amitié avec lesquels les indigènes accueillirent les Français, surtout le long du fleuve, depuis Stadaconé jusqu'à Hochelaga A peine venaient-ils de débarquer sur ces rives étrangères, et il est bien peu probable que la nouvelle de leur arrivée les eût précédés chez les peuplades échelonnées le long du Saint. Laurent. La conduite subséquente des naturels d'Hochelaga permet de supposer qu'ils prirent les étrangers pour des êtres supérieurs ; mais avant même qu'ils aient pu se former une idée définitive sur ce sujet, nous voyons que partout ils reçurent Cartier et ses compagnons à bras ouverts. Sur le rivage, hommes, femmes et enfants, réunis en groupes, se laissaient aller à toutes les réjouissances imaginables. Après que cette exhubérance de joie se fut un peu calmée, ils songèrent à réconforter leurs hôtes et apportèrent, sur les chaloupes, quantité de poissons et du pain fait avec du blé d'Inde. Pour reconnaître leur hospitalité, Cartier descendit à terre avec plusieurs de ses compagnons. A peine avaient-

---

NOTE 42—Suivant l'abbé Faillon, ils auraient franchi le courant, passé en face du site de Montréal et se seraient arrêtés au pied des rapides de Lachine. Il prétend, et avec une certaine raison, que vingt-huit rameurs sur deux chaloupes, pouvaient aisément remonter le courant Sainte-Marie. L'expression de Cartier est ambigue, mais tout bien considéré, il est difficile d'admettre que les sauvages, impatients de voir les étrangers, leur aient permis de remonter plusieurs milles audessus de la ville, et nous croyons devoir favoriser l'opinion que Cartier débarqua au pied du courant.

ils touché le rivage, que la foule les entoura ; les femmes présentant leurs enfants aux Français pour les leur faire toucher. Ceux-ci retournèrent ensuite à bord des barques dans l'espérance de se reposer ; mais ce fut en vain, car les sauvages, decidés d'y passer la nuit, firent de grands feux de réjouissance, autour desquels ils dansèrent jusqu au point du jour.

Le lendemain matin, les gens de Cartier se preparèrent à aller visiter la ville, le capitaine ayant revêtu ses plus beaux habits pour la circonstance. Après avoir laissé un des capitaines et huit matelots pour prendre soin des barques, Cartier, accompagné des gentilshommes et de vingt mariniers, se dirigea vers Hochelaga, conduit par trois sauvages envoyés audevant lui à cet effet. Le chemin traversait des terres bien boisées ; la grosseur des arbres attira spécialement l'attention des visiteurs. Ils remarquèrent aussi que le terrain qu'ils foulaient à leurs pieds était couvert de glands. Lorsqu'ils eurent marché environ une lieue et demie, ils rencontrèrent un des "principaux seigneurs" de la bourgade, qui était venu à leur rencontre, avec une suite convenable. Ils se reposèrent ici auprès d'un grand feu, allumé pour les recevoir ; le chef profita de cette halte pour leur adresser une de ces harangues interminables, que les naturels du pays considéraient *de rigueur* en de telles occasions, leur exprimant qu'ils étaient les bienvenus. En témoignage d'amitié, Cartier fit présent à l'orateur de deux haches et d'un crucifix qu'il lui fit embrasser et le lui suspendit au cou ; ce qui plut grandement au chef. Cette intéressante cérémonie terminée, ils continuèrent leur chemin et débouchèrent bientôt de la forêt, pour traverser des terrains cultivés où le blé d'Inde était déjà mur. Au milieu de ces champs s'élevait la ville d'Hochelaga qu'ils désiraient voir depuis si longtemps. De même que le site de Stadaconé, l'endroit précis où s'élevait cette ville est encore un sujet de discussion. Selon Hakluyt, la bourgade était à une lieue de la montagne, mais le *Brief Récit* ne donne que le quart de cette distance. Si l'on accepte cette dernière comme la plus correcte, il est probable que le site d'Hochelaga correspondrait avec l'endroit où l'on trouva des antiquités sauvages, en 1860. Le terrain où ces débris furent trouvés s'étend depuis la rue Mansfield jusqu'à une petite distance à l'ouest de la rue Metcalfe, dans un sens, et de l'autre, à partir d'un point quelque peu au sud du Carré Burnside, jusqu'à environ soixante verges de la rue Sherbrooke—environ deux arpents en superficie.[43]

La bourgade était de forme circulaire, entourée d'une triple rangée de palissades ; celle du milieu était construite avec de grosses pièces de bois, plantées droites ; les deux palissades, à l'extérieur et à l'intérieur, inclinaient l'une vers l'autre et se rencontraient à leur sommet, donnant à cette structure l'apparence d'une pyramide. Le tout était fortement lié avec des branches et formait une barricade d'une grande résistance. A l'intérieur de cette fortification, il y a avait des galeries, placées de distance en distance, pourvoues d'échelles et chargées de cailloux, pour la défense en

---

NOTE 43.—Le "Naturaliste Canadien," pour les années 1860 et 1861, contient deux articles intéressants sur ces antiquités, par le Dr. (aujourd'hui Sir William) Dawson, auquel nous sommes redevable pour les détails que nous avons donnés sur l'endroit où les fouilles ont eu lieu.

Il y a dans Ramusio un plan très curieux d'Hochelaga, lequel malgré le défaut de perspective et un certain manque de vraisemblance correspond assez bien à la description qu'en fait Cartier. On y voit distinctement le mur d'enceinte de la ville, flanqué de trois rangées de palissades, et les galeries avec les échelles qui y conduisent, tandisque pour mieux faire comprendre le système de dé ense on nous fait voir les assiégés lançant des pierres du haut des fortifications sur les assiégeants qui sont au bas. Sur l'arrière plan, sont représentés les champs de blé d'Inde, ce qui confirme le texte qui porte que le Mont Royal était cultivé "tout autour."

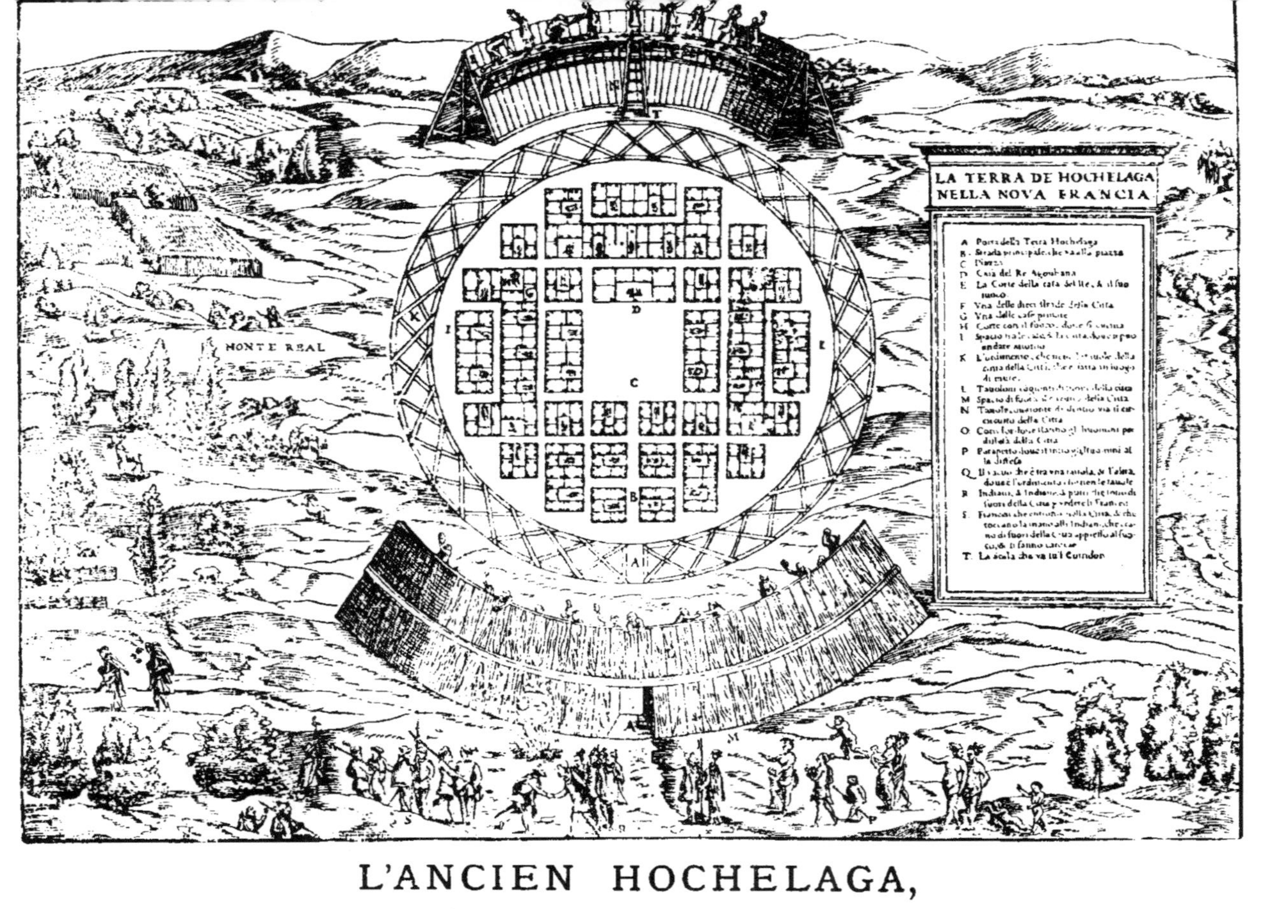

L'ANCIEN HOCHELAGA,

D'APRES UNE PLANCHE DANS RAMUSIO.

cas d'attaque. Ce rempart pouvait avoir environ seize pieds de hauteur (*deux lances*, selon le *Brief Récit.*) Une seule porte, renforcée par des pièces transversales, servait d'entrée à la bourgade.

Celle-ci contenait environ cinquante cabanes, dont chacune avait une longueur de cinquante pas et une largeur de douze à quinze. Ces habitations, construites en bois et recouvertes d'écorces, étaient divisées par des cloisons et contenaient plusieurs familles. Au milieu de chaque chambre était le foyer, autour duquel, hommes, femmes, enfants et chiens, se pressaient pêle-mêle. Au-dessus, il y avait des greniers ou l'on conservait la provision de maïs pour l'hiver. Les légumes, tels que les pois, les fèves, les melons, et de "gros concombres" étaient en abondance. Ces légumes, dont pas un seul n'appartient originairement au sol du Canada, ont dû avoir été apportés des pays situés plus au sud ; maintenant, par qui furent-ils introduits et à quelle époque, voilà un problème d'histoire qu'il est plus facile de poser que de résoudre. Ils avaient aussi une grande quantité de poissons séchés qu'ils entassaient dans des vases de bois, pour la saison d'hiver. Comme il l'avait remarqué déjà chez les sauvages de Gaspé, Cartier mentionne que ceux d'Hochelaga ne faisaient point usage de sel dans la cuisson de leurs aliments.

La description que Cartier nous donne des fortifications d'Hochelaga, et de la façon dont les cabanes étaient construites, s'accorde exactement avec ce que les missionaires Jésuites remarquèrent chez les Iroquois, un siècle plus tard, et ne permet point de douter que la nation qu'il trouva en cet endroit appartenait à la famille huronne-iroquoise. Leur système de fortifications était en usage chez toutes les tribus de la nation iroquoise, tandis que celui des Algonquins était tout différent.[44]

Il y a de fortes raisons de croire que les gens de Stadaconé appartenaient aussi à la famille huronne-iroquoise. D'abord, il est presque certain qu'ils parlaient la même langue que ceux d'Hochelaga. Nous avons déjà vu comment Cartier fut frappé par la différence qu'il y avait entre les mœurs et le langage des sauvages qu'il trouva à Gaspé et ceux des sauvages qu'il avait rencontrés auparavant. Mais il ne nous dit rien au sujet des habitants d'Hochelaga qui nous porte à croire qu'ils différaient, d'une manière essentielle, de ceux de Stadaconé. Les faits connus établissent tout le contraire. Par exemple, le vocabulaire de mots sauvages, qui fait suite à la relation du deuxième voyage de Cartier, est intitulé ;"—" *le lãgage des pays & Royaulmes de Hochelaga & Canada, aultrement appellée par nous la nouuelle France.*" Il suffit de lire le récit de Cartier pour voir que, par le mot

---

NOTE 44.—Les premiers voyageurs ont, parfois, rencontré des bourgades chez les Algonquins du sud ; mais dans ces cas, il n'y avait qu'un seul rang de pieux plantés droits en terre. Il n'y a point d'exemple de cette pratique chez les Algonquins du nord.—Voir : Beverly, *History of Virginia*— cité par Parkman.

D'après l'abbé Ferland, la description que fait Cartier des mœurs et des costumes des habitants d'Hochelaga indique qu'ils appartenaient à la grande famille huronne, et il ajoute : " ce qui donne plus de force à cette opinion, c'est que les mots de la langue conservés par Cartier, appartiennent tous au huron." *Histoire du Canada* ; Vol. I. p. 31.

Et cependant, chose étrange, il dit que les sauvages de Stadaconé appartenaient à la famille algonquine, quoique tous les mots de leur langue qui nous sont appartiennent certainement à la langue huronne, si l'on en excepte, peut-être le mot Stadaconé lui-même. Voici ce que dit Faillon à ce sujet.

" Un missionnaire, qui a passé près de vingt ans à instruire des Algonquins, dont il possède à fond la langue, & une Algonquine, fort connue en Canada, qui a appris sa langue naturelle à plus de vingt missionaires, nous ont assuré l'un & l'autre que le mot *stadaconé* n'avait aucune signification en Algonquin, qu'il était même entièrement étranger à cette langue, & se rapprochait plutôt de l'Iroquois. On a écrit, il est vrai, que, dans la langue des sauvages sauteurs," (Ojibewas—une branche de la famille algonquine) " le mot *stadaconé* signifiait une *aile*, & que la pointe de Québec rassemblait, par sa forme, à une aile d'oiseau."—(" *Histoire de la Colonie Française.*" Vol. I. p. 532.)

'Canada,' il comprend Stadaconé et la région avoisinante,[45] et dans ce cas, il faudrait en conclure que la même langue était en usage à Stadaconé et à Hochelaga. De plus, les noms propres que l'on trouve employés à Stadaconé, tels que : Canada, Donnacona, Taignoagny, Domagaya, Agouhanna, appartiennent tous à la langue huronne. Il est bon de remarquer ici, que le mot 'Agouhanna,' dont on se servait pour désigner Donnacona, et lequel veut dire 'Seigneur,' était également employé par les sauvages d'Hochelaga pour exprimer le même titre honorifique. Le mot correspondant, en iroquois moderne, est '*Acouanen*' ; or la différence entre ce dernier et le mot '*Agouhanna*,' tel que donné par Cartier, est à peine perceptible à l'oreille. Le même mot, dans le dialecte algonquin se rend par *Kijeinini* et *Okima*, qui, comme l'on voit, diffèrent complètement du premier. Il nous paraît donc très probable que les sauvages que Cartier vit à Hochelaga, appartenaient à la famille huronne-iroquoise, et que les habitants de Stadaconé formaient partie de la même nation, tandis que ceux qu'il rencontra sur la côte du Labrador, à l'île du Prince-Edouard, et dans la baie des Chaleurs, étaient de la race algonquine, dont certaines peuplades, venant de l'ouest, parcoururent, à une époque plus ou moins éloignée, le pays qui forme aujourd'hui les Etats de la Nouvelle-Angleterre, et les provinces Maritimes du Dominion. Lorsque soixante-dix ans plus tard, Champlain visita le Canada, Stadaconé et

---

NOTE 45.—On voit, par le vocabulaire de Cartier, que les sauvages se servaient du mot 'Canada' pour dire une ville. "*Ilz appellent vne ville Canada.*" Il nous apprend aussi que tout le pays, sur la côte nord du fleuve, depuis l'île aux Coudret jusqu'à une petite distance au-dessous de Québec, était appelé Canada A l'ouest de ce district se trouvait Ochelay, puis Hochelaga, dont les autres royaumes dépendaient ; tandis le pays du Saguenay s'étendait à l'est, depuis l'île aux Coudres jusqu'à environ deux jours de marche de l'île d'Anticosti. Plus tard, le Saguenay comprit tout le pays situé au nor , à l'est et à l'ouest de Canada et de Hochelaga.

Hochelaga avaient disparu et tout le pays était habité par les Algonquins.[46]

Arrivés à Hochelaga, Cartier et ses gens furent conduits dans une place carrée, au milieu de la ville, où les femmes et les enfants, réunis en foule autour d'eux, et tout émerveillés d'un spectacle si nouveau, les examinèrent avec admiration, et leur prodiguèrent toutes sortes de caresses. Ensuite, vint la réception officielle. Les femmes éloignèrent d'abord les enfants, puis elles revinrent, bientôt après, portant des nattes qu'elles étendirent sur le sol, et invitèrent les étrangers à s'y asseoir. Alors, porté sur les épaules de neuf ou dix hommes, apparut 'l'Agouhanna' ou chef de la tribu, âgé d'environ cinquante ans ; il n'était guère mieux accoutré que les autres, si ce n'est qu'il avait autour de la tête, en guise de couronne, une lisière rouge faite de poils de porc-épic.[47]

NOTE 46.—On ne connaît point, d'une manière certaine, la signification véritable du mot Hochelaga (si tant est qu'il en possède une autre que celle qui lui est propre). L'Abbé J. A. Cuoq, dans son "*Lexique de la langue Iroquoise*" prétend que ce mot veut dire "*à la Chaussée des Castors*".

Un chef des Six Nations, établi sur la réserve de Brant, dit un jour à l'auteur de ce travail, que le mot Hochelaga signifie, en iroquois, "sur le feu," ou plutôt "charbons," et que les gens de sa nation se servent de ce mot pour exprimer l'action de faire rôtir la chair, à petit feu, comme il est d'usage dans le sacrifice du Chien blanc. Ceci semblerait indiquer que c'était à Hochelaga que les Iroquois faisaient autrefois leurs sacrifices religieux, pendant lesquels leur divinité les honorait d'une apparition. Or, il y a, dans le récit de Cartier, un passage qui donne une certaine vraisemblance à cette interprétation. Nous avons rapporté, plus haut, comment Donnacona et ses gens cherchèrent à dissuader Cartier de se rendre à Hochelaga, en faisant appel au surnaturel. Voici comment Taignoagny explique l'apparition des trois 'diables.'—"Et le capitaine voyant leurs mines et cérémonies Taignoagny et Domagaya leur commença à demander qu'il y avoit, et que c'estoit qui estoit survenu de nouveau ; lesquels repondirent que......*leur Dieu nommé Cudruaigny avoit parlé à Hochelaga*, et que les trois hommes devant dits estoient venus de par lui leur annoncer les nouvelles," etc. On peut, tout d'abord, se demander : comment se fait-il que Cudragny parle à Hochelaga et envoie, de là, ses messagers avertir les gens de Stadaconé, à moins que Hochelaga ne lui soit en quelque sorte consacré. Cela n'empêche pas que sa présence ne se fasse sentir ailleurs, car, dans un autre chapitre, on voit que le peuple de Stadaconé "n'a aucune créance de Dieu qui vaille, car ils croyent dans un qu'ils appellent Cudruaigni et disent, qu'il parle souvent à eux, et leur dit le temps qu'il doit faire." (édit de 1843).

NOTE 47.—Nous conservons, ici, la phraséologie pompeuse que l'on trouve dans la *Relation Originale* ; quoique les termes *Roi* et *Seigneur* ne représentent rien dans l'échelle sociale des sauvages de l'Amérique, ils ne trompent personne, et donnent une certaine originalité au récit.

Il était perclus de tous ses membres, au point que ses genoux s'entrechoquaient. Les porteurs, après l'avoir déposé sur une natte, près de Cartier, se retirèrent en silence. Alors, le chef souhaita la bienvenue, par signes, à tous ceux qui étaient présents, puis se tournant vers Cartier, il le supplia de le guérir en touchant ses membres malades, ce que fit Cartier qui consentit à lui frotter bras et jambes. Le pauvre vieillard fut tellement touché de ce procédé que, détachant de sa tête l'insigne de sa dignité il le déposa sur la tête de Cartier, alors, comme s'il eut voulu que tous ceux de ses sujets qui étaient malades et infirmes, profitassent de la vertu curative attachée à l'attouchement de l'homme blanc, il les fit tous amener et mettre en une rangée, pour que Cartier les guérit, tant il était persuadé que ces étrangers étaient des êtres d'une nature supérieure.

Un tel spectacle dut paraître bien touchant à un homme du caractère de Cartier, rappelant à son esprit des circonstance bien semblables dans la vie du Sauveur ; et au souvenir de ces paroles toutes puissantes que proférèrent ses lèvres divines en pareilles occasions :—"Je le veux, sois guéri"—"Recouvre la vue"—"Prends ton lit et marche"—il dut désirer ardemment le don de guérison, ne fut ce que pour quelques instants. Et faut-il s'étonner que, rempli de compassion pour ces pauvres gens dont les infirmités corporelles n'étaient qu'une faible image de leur condition spirituelle, faut-il s'étonner, dis-je, qu'il ait tout d'abord cherché à leur faire connaître, dans la mesure de ses forces, le suprême Guérisseur de nos infirmités, dont la toute-puissance pouvait accomplir ces prodiges qu'il reconnaissait bien au-dessus de ses forces et que, tout rempli de ce désir, il en soit naturellement venu à leur raconter, dans les termes mêmes du texte sacré, l'admirable avènement du Verbe fait chair ? Sa conduite, en cette occasion, nous paraît éminemment convenable et s'impose à l'admiration de tout cœur chrétien.

Chose étrange : la démarche de Cartier a paru ridicule et digne de mépris à certaines gens qui se flattent de posséder une croyance bien plus éclairée que celle qui animait le capitaine breton ; nous croyons cependant que ces critiques trouveraient bien difficilement le courage de suivre l'exemple de Cartier.[48]

Après avoir lu le premier chapitre de l'Evangile selon St. Jean, Cartier offrit une prière à Dieu pour lui deman-

---

NOTE 48.—M. Kingsford dans son "Histoire du Canada," maintenant en voie de publication, fournit un exemple frappant de la manière fausse dont la conduite de Cartier, en cette occasion, est généralement interprétée.

"Cartier was fed and caressed, even looked upon as God and asked to perform miracles in healing the sick. Cartier tells us that he mumbled the opening words of St. John's Gospel, as he says: '*In principio, &c.*'" *Kingsford, History of Canada, Vol. 1, p. 4.*

Voilà tout ce que cet écrivain trouve à dire sur ce sujet, dans une histoire où les détails abondent. C'est plus qu'il n'en faut, cependant, pour laisser l'impression que Cartier chercha à se faire passer pour un faiseur de miracles, et se servit du texte inspiré comme d'une formule mystique dans une incantation. Or ceci est une falsification des faits, et il est difficile de s'expliquer comment un écrivain quelconque, dénué de préjugés, peut tomber dans une semblable erreur, à la lecture du récit de Cartier. Voici la texte même de la version d'Hakluyt :

". . . . . . that done they brought before him diverse diseased men, some blinde, some criple, some lame and impotent, and some so old that the haire of their eyelids came down and covered their cheekes and layd them all along before our Captaine, to the end they might of him be touched ; for it seemed unto them that God was descended and come downe from heaven to heale them. Our Captaine seeing the misery and devotion of this poore people, recited the Gospel of Saint John, that is to say, in the beginning was the word : touching everyone that were diseased. (*faisant le signe de la Croix sur les pauvres malades*) praying to God that it would please him to open the hearts of this poore people, and to make them know his holy word, and that they might receive Baptisme and Christendome ; that done, he tooke a Service-booke in his hand, and with a loud voyce read all the passion of Christ, word by word, that all the standers by might heare him ; all which while this poore people kept silence and were marvellously attentive, looking up to heaven and imitating us in gestures."

Nous avouons que, pour certaines gens c'est une opinion reçue que les catholiques ne font jamais que "marmotter" machinalement leurs prières, mais lorsque la relation originale constate, en termes explicites, que Cartier lut l'Evangile à 'haute voix' et mot à mot, pour que tous les assistants pussent l'entendre, il nous semble que Mons. Kingsford aurait dû se croire justifié de faire une exception à ce qu'il paraît croire la règle générale, en faveur du Capitaine malouin : Le fait est de peu d'importance, cependant, il montre de quelle manière injuste, on peut écrire l'histoire même lorsque l'on prétend se mettre au-dessus des préjugés religieux.

der de se faire connaître à cette peuplade sauvage. Puis, prenant un livre d'Heures, il lut à haute voix le récit de la passion de Notre-Seigneur aux sauvages qui écoutaient avec la plus grande attention. Il distribua ensuite, à chacun d'eux, quelques petits présents, mettant beaucoup de discernement dans cette distribution ; après quoi, il donna ordre à ses gens de sonner les trompettes, dont la musique remplit les sauvages d'admiration. La réception se termina ici ; les Français, ne croyant pas devoir accepter l'hospitalité des sauvages, parceque " leurs mets n'avaient aucun goût de sel," se préparèrent à retourner à leurs chaloupes. Mais Hochelaga leur réservait d'autres surprises. Comme Cartier et ses gens étaient sur le point de partir, les sauvages lui persuadèrent d'aller visiter " une grande montagne qui est à l'entour d'icelle, bien labourée et fort fertile. Nous nommasmes icelle montagne le Mont Royal." Les Français s'y rendirent donc, accompagnés des guides et gravirent la pente escarpée de la montagne, du sommet de laquelle ils virent se dérouler devant eux le splendide panorama qui fait aujourd'hui l'admiration des touristes.

Le tableau a bien changé depuis le jour où Cartier le contempla pour la première fois. Les champs de maïs ondulants sous le souffle de la brise et la bourgade sauvage ont disparu depuis longtemps, pour faire place à la belle métropole commerciale du Dominion. Mais le fleuve superbe, et ses rives ensoleillées, et les montagnes qui se dessinent à l'horizon, sont encore là, et semblent redire à l'observateur qui s'attarde à faire revivre les siècles écoulés qu'un jour viendra où Montreal, comme Hochelaga, aura disparu pour faire place à un nouvel ordre de choses.

Les touristes, qui vantent les beautés du coup-d'œil que

l'on obtient sur la montagne, parlent comme si le coté sud seulement méritait l'attention. Aussi, lorsqu'on arrive au sommet le regard se porte naturellement sur Montréal, et le paysage est si enchanteur qu'on s'y attarde trop et qu'on oublie de porter ses regards de l'autre côté, négligeant ainsi un point de vue bien digne d'attention. Car le paysage au nord et au nord-ouest offre un caractère plus accidenté et plus imposant que celui de la côte sud.

N'ayant point le panorama de la grande ville pour le retenir, Cartier ne commit point cette erreur. Arrivé au sommet de la montagne, il embrassa du regard le fleuve Saint-Laurent, et distingua aisément les rapides de Lachine. Les guides sauvages lui dirent qu'il y avait trois sauts semblables, en amont de la rivière, et qu'une fois franchis, on pouvait naviguer pendant trois mois, sans rencontrer d'autre obstacle. Ils lui montrèrent ensuite la rivière Ottawa et lui donnèrent à entendre que, comme le Saint-Laurent, elle venait de l'ouest. " Nous estimons," dit-il, " que c'est la rivière qui passe par le Royaume et Province de Saguenay". Entrainés par la curiosité, ils semblent avoir consacré une partie du temps qu'ils furent sur la montagne à examiner l'Ottawa, s'efforçant d'obtenir sur la dite rivière, tous les renseignements que les guides pouvaient ou voulaient leur donner. Si l'on considère que ni les uns ni les autres ne pouvaient se comprendre, on peut s'imaginer que la conversation dut naturellement en souffrir.

Sans que Cartier ne leur eut fait aucune question, un des sauvages, prit la chaine d'argent du sifflet que le capitaine portait au cou, et le manche en laiton du poignard qui pendait au côté d'un des hommes de la suite de Cartier, et étendant la main dans la direction de l'Ottawa, lui fit entendre, par signes, que ces métaux se trouvaient aussi dans cette region. Or, il n'en est rien du tout. Il faut que les guides aient cherché à tromper la confiance de Cartier, ou bien encore, qu'ils aient voulu faire allusion au contraste entre les eaux argentées du Saint-Laurent et la couleur jaunâtre de celles de l'Ottawa, laquelle différence demeure apparente plusieurs milles après que les deux rivières n'en font plus qu'une. Ils lui parlèrent aussi d'une nation belliqueuse, les *Agouiondas*, qui demeuraient au nord-ouest, étaient toujours armés jusqu'aux dents, se couvraient d'une armure d'osier, et faisaient continuellement la guerre à leurs voisins.

Avec quelle intensité Cartier ne dut-il pas fixer son regard vers le nord-ouest, dans la direction de ce passage aux Indes, dont la découverte, nous en sommes certain, était toujours la grande préoccupation de son esprit. Debout sur le sommet du Mont Royal, et en face de la forêt primitive, Cartier ne vit-il pas quelque vision prophétique passer devant ses yeux émerveillés? Eut-il l'idée, qu'un jour, les générations établies sur le site d'Hochelaga résoudraient le problême qui occupait sa pensée, qu'alors son rève chéri se réaliserait, et que les richesses de l'Inde prendraient cette route et s'écouleraient de l'Occident à l'Orient? Mais le chemin de fer du Pacifique Canadien était un des secrets de l'avenir.

Après avoir épuisé les renseignements de ses guides, Cartier et ses compagnons reprirent le chemin de leurs embarcations, suivi d'une foule nombreuse, qui, les voyant partir à regret, les accompagna à une certaine distance le long du rivage. Les habitants d'Hochelaga étaient, paraît-il, de mœurs simples, généralement adonnés aux travaux d'une agriculture grossière, quoique les fortifications de leur bourgade et le fait que les tribus échelonnées le long du fleuve, jusqu'à Stadaconé inclusivement, leur étaient soumises, semblent indiquer qu'ils devaient être assez redoutables dans l'art de la guerre. On peut même conjecturer que la partie, aujourd'hui perdue, de la relation du troisième voyage de Cartier, devait contenir des détails bien moins favorables à la réputation de douceur et d'honorabilité que le récit de Cartier met à leur crédit. Il faudrait alors attribuer leur politesse excessive, en cette occasion, à l'idée que les étrangers dont ils avaient la visite étaient des êtres d'une nature bien supérieure à la leur.

Aidés par le courant, les Français rejoignirent le galion sans accident, le 4 octobre ; inutile de dire que leur compagnons qui les attendaient avec anxiété les reçurent à bras ouverts. La journée se passa à raconter les incidents du voyage, et le lendemain, ils partirent pour le havre de Sainte-Croix. En descendant le lac Saint-Pierre, le jeudi, septième jour du mois, ils passèrent en face de l'embouchure du Saint-Maurice, lequel ils nommèrent rivière de Fouez, et comme sa source leur parut être dans les profondeurs mystérieuses du royaume du Saguenay, ils décidèrent d'aller la reconnaître. Ayant remarqué plusieurs îles à son embouchure, Cartier fit ériger une croix sur celle qui était la plus avancée dans la fleuve, puis il remonta le Saint-Maurice avec ses barques jusqu'à une certaine distance ; mais voyant que la profondeur de l'eau diminuait rapidement, il donna l'ordre de rebrousser chemin.

De retour sur l'Emérillon, ils continuèrent leur voyage et arrivèrent au havre de Sainte-Croix, le 11 du mois de septembre, après une absence de vingt-deux jours.

CHAPITRE IV.

LE DEUXIEME VOYAGE (suite.)

Visite à Stadaconé.—Description de la ville.—Les Trudamans-Histoire du massacre.—Habitants de Stadaconé.—Culte religieux.—Mœurs et coutumes des sauvages.—Le Petun-L'Esurgny.—Histoires merveilleuses sur le pays du Saguenay.—L'hiver s'annonce.—Neiges et gelées.—Le scorbut.—Etat pitoyable des Français.—Ils implorent le secours d'en haut.—Service religieux.—Le remède est trouvé.—Guérison.—Premiers signes du printemps.—Préparatifs du retour en France.—Abandon de la *Petite Hermine.*—Conduite alarmante des Sauvages.—Cartier projette d'enlever Donnacona.—Sa conduite en cette circonstance.—Erection d'une croix.—Prise de possession du pays, au nom du roi de France.—Les chefs sont faits prisonniers.—Départ de Sainte-Croix.—Arrivée à Saint-Malo.

PENDANT l'absence du capitaine, ceux qui étaient demeurés à Sainte-Croix avaient construit, le long de la rivière, un retranchement de pieux, armé de pièces de canon. Ce fut en arrière de cette palissade, et dans la petite rivière Lairet, qu'ils ancrèrent leurs navires et attendirent résolument l'approche de l'hiver. Lorsqu'en 1608, Champlain visita cet endroit,[49] il y trouva des vestiges, indiquant que des hommes blancs y avaient habité : une cheminée en ruines, un fossé presque rempli, des boulets de canon et autres débris ; ce qui porta Champlain à supposer que Jacques Cartier devait avoir hiverné en cet endroit.

Il ajoute que ces ruines furent trouvées " vne lieue dans la riuiere," voulant sans doute dire à une lieue de l'habitation de Québec.

NOTE 49.—Voir appendice F.

Le lendemain de leur retour de Hochelaga, Cartier reçut la visite de Donnacona et de ses gens, qui manifestèrent une grande joie de le voir revenu à Stadaconé sans accident. Le capitaine, feignant de croire à leur sincérité, leur fit un bon accueil, quoique, ajoute la relation, "*ils ne l'avaient point mérité.*" Il y a raison de conjecturer que, pendant l'absence de Cartier, les sauvages n'avaient point témoigné aux gens qu'il avait laissés derrière lui, la même cordialité dont ils avaient fait preuve en présence des équipages réunis. Le capitaine prit cependant la résolution de ne point faire de cas de ce qu'on lui avait rapporté sur leur conduite ; seulement, il se mit en garde contre toute surprise de leur part. Il accepta donc l'invitation de Donnacona d'aller le voir, à Canada ; et le lendemain, accompagné de cinquante de ses gens bien armés, il traversa la rivière pour se rendre à Stadaconé. Comme il approchait de la ville, les habitants vinrent à sa rencontre et se rangeant sur deux lignes, les hommes d'un côté, et les femmes de l'autre, l'escortèrent à leur résidence, après avoir reçu les présents d'usage en pareilles circonstances. D'après la relation, les maisons étaient assez bien bâties et suffisamment approvisionnées pour l'hiver qui s'approchait. Cartier ne dit rien des fortifications, mais il ajoute qu'on lui montra les peaux de cinq têtes d'hommes, enlevées, paraît-il, à des '*Toudamani,*' (ou Trudamans, B.R.), lesquels, d'après Donnacona, "demeuraient devers le sud, et qui leur menaient continuellement la guerre." C'étaient probablement des Iroquois, lesquels, au temps de Champlain, occupaient le territoire qui forme aujourd'hui la partie ouest de l'Etat de New-York. De toutes les tribus sauvages, c'était la plus féroce, et pendant longtemps ils furent la terreur des autres nations, surtout des Hurons auxquels ils avaient déclaré une guerre d'extermination.

Le récit de cette affaire, tel que Donnacona le fit à Cartier, et que nous tenons pour bien digne de foi, nous paraît confirmer l'identité de ces Trudamani avec les féroces guerriers de la confédération iroquoise. Deux ans avant l'arrivée de Cartier, un parti de gens de Donnacona, au nombre d'environ deux cents, tant hommes, que femmes et enfants, se rendait à Gaspé ;[50] pendant qu'ils étaient tous plongés dans un profond sommeil sur une île dans le fleuve, vis-à-vis l'embouchure du Saguenay, ils furent assaillis par les *Trudamans*, qui mirent le feu à la caverne dans laquelle ils s'étaient réfugiés, et les brûlèrent ou massacrèrent tous, à l'exception de cinq, qui réussirent à s'échapper. Or, il y a dans le bas Saint-Laurent, en face du Bic, une petite île, connue aujourd'hui sous le nom d'*Ile au Massacre*, sur laquelle il y a une caverne où l'on trouvait, il n'y a pas encore bien longtemps, des ossements humains, témoignages irréfutables de la véracité du récit de Donnacona.

Pendant le mois d'octobre, Cartier paraît avoir consacré ses loisirs à instruire les sauvages et à leur donner, autant que possible, une juste idée de Dieu. Ils n'avaient qu'une notion bien confuse de la divinité, le rôle de leur dieu Cudragny se bornant à prédire le beau ou le mauvais temps, avec plus ou moins de succès, comme nous l'avons déjà vu.

NOTE 50. —La *Relation* comporte, " tendant aller à Honguedo (Gaspé) leur mener guerre" ; ce qui ne peut être qu'une fausse supposition de Cartier, car s'ils fussent partis en guerre, ils n'auraient pas été accompagnés de leurs femmes et des enfants. Le compte rendu que le Révérend M. DeCosta fait de cet épisode est très confus et rempli d'inexactitudes. Il dit qu'on montra huit scalpes à Cartier et que Donnaconna informa le capitaine qu'ils les avaient enlevés à un parti de leurs ennemis, lesquels, au nombre de 200, ils avaient massacrés quelque temps auparavant. Ce qu'ils firent des autres 192 scalpes, Monsieur DeCosta n'a pas jugé à propos de nous le dire.

Ils apprirent à Cartier qu'après leur mort ils étaient transportés dans les étoiles, et que, descendant avec elles à l'horizon, ils allaient, dans des champs très agréables, rejoindre leurs ancêtres et chasser avec eux.

Comme nous l'avons dit plus haut, Cartier leur parla du vrai Dieu, leur enseigna que tous les hommes doivent croire en lui et être baptisés. Nous avons déjà vu qu'ils partagèrent bien vite l'opinion que le capitaine avait de Cudragny, qu'ils acceptèrent le Dieu qu'il leur enseignait et demandèrent à être baptisés ; nous connaissons aussi la réponse que leur fit Cartier, en cette occasion.[51]

Il ne faut pas oublier que les interprètes, Taignoagny et Domagaya, accompagnaient alors Cartier, qu'ils comprenaient, au moins jusqu'à un certain point, la nature de cette cérémonie, ayant eu occasion, pendant leur séjour en France, de voir plusieurs enfants recevoir le baptême. Il est donc impossible que Cartier ait voulu tromper les sauvages, en leur donnant les excuses que nous avons rapportées plus haut. Toutes ses démarches, en cette circonstance, détruisent la supposition que des prêtres de l'Eglise catholique accompagnaient cette expédition.

Cartier donne des détails sur la manière de vivre des sauvages, sur leur nourriture qui consistait principalement de blé d'Inde, et des légumes de provenance étrangère dont faisaient usage les gens d'Hochelaga. Une plante surtout attira son attention, celle que les Anglais associent généralement avec le nom de Sir Walter Raleigh ; cependant, voici une description de la préparation et de la manière de se

---

NOTE 51 —Les aumôniers de Cartier (s'il en avait avec lui) montrèrent beaucoup plus de prudence que le missionaire qui accompagnait Poutrincourt à Port-Royal, en 1640 : celui-ci (avec trop d'empressement, sans doute) baptisa, en un seul jour, 21 sauvages qui ne pouvaient avoir reçu les enseignements que l'Eglise catholique exige de ceux qui désirent recevoir ce sacrement.

servir du tabac, écrite dix-sept ans avant la naissance de Raleigh.

" Ils ont aussi une herbe de quoi ils font grand amas durant l'été pour l'Hyver, laquelle ils estiment fort, et en usent les hommes seulement, en le façon qui ensuit. Ils la font sécher au soleil, et la portent à leur col en une petite peau de beste en lieu de sac, avecque un cornet de pierre ou de bois. Puis à toute heure, font poudre de la dite herbe, et le mettant à l'un des bouts du dit cornet, puis mettent un charbon de feu dessus et soufflent par l'autre bout tant, qu'ils s'emplissent le corps de fumée, tellement qu'elle leur sort par la bouche et les nasilles, comme par un tuyau de cheminée ; ils disent que cela les tient sains et chaudement, et ne vont jamais sans les dites choses. Nous avons expérimenté la dite fumée, après laquelle avoir mis dedans notre bouche, semble y avoir de la poudre de poivre, tant est chaude."

Le tabac, comme les melons et les concombres, doit avoir été importé des tropiques, de même que leur '*ésurgny*' (wampum) qu'ils considéraient comme " la plus précieuse chose qu'ils eussent en ce monde." Lors de sa visite à Hochelaga, les sauvages racontèrent à Cartier une histoire des plus improbables sur la manière dont ils obtenaient cet '*esurgny*'; d'après eux, ils le trouvaient dans les blessures des cadavres qu'ils plongeaient dans la rivière de Cornibotz, après leur avoir fait des incisions dans la chair ; au bout de dix à douze heures, ils les retiraient et trouvaient les précieux coquillages dans les blessures qu'ils avaient ainsi faites. En justice pour les habitants d'Hochelaga, il faut reconnaître que nous donnons ici ce que Cartier crut comprendre par leurs signes, qui pouvaient bien se rapporter à toute autre chose qu'à cette pêche au moyen de cadavres. Il est cependant bien certain que les coquilles dont les naturels du Canada se servaient pour la confection de leurs ornements ne se trouvent que dans le golfe du Mexique et qu'ils ne pouvaient se les procurer qu'en trafiquant avec les tribus avoisinantes. Donnacona, lui-même, donne à entendre qu'ils avaient des relations avec les tribus qui vivaient plus au sud. Parlant de l'endroit où Cartier avait laissé *l'Emérillon*, lors de son voyage à Hochelaga, il apprit aux étrangers l'existence de la rivière Richelieu, ajoutant qu'en la remontant, ils arriveraient, après un mois de navigation, à une contrée où il n'y avait ni glaces, ni neiges, et où les oranges, les amandes, les noix et les pommes croissaient en abondance. " J'estime, à leur dire, le dit lieu estre vers la Floride," dit Cartier ; ce qui n'indique rien de bien précis. Il est très probable que les naturels du Canada connaissaient le moyen de se rendre à la mer, par le Richelieu, le lac Champlain et la rivière Hudson, et que par cette voie, ils entretenaient certaines relations commerciales avec les tribus situées plus au midi. Mais c'est surtout lorsque Donnacona vient à parler du royaume du "Saguenay," de cette contrée mystérieuse qui s'étendait indéfiniment au nord et à l'ouest, que le vieux chef donne libre cours à son imagination. Avec quelle satisfaction il débite aux Français, avides de l'entendre, les merveilleuses histoires de gens habillés de draps, comme eux, demeurant dans des villes, où l'or et les pierres précieuses se trouvaient en abondance. Au dire de Donnacona, il y avait aussi une race d'hommes n'ayant qu'une jambe ; d'autres vivaient sans manger—enfin les merveilles de ce pays sans pareil dépassaient toute description.

Ces conversations aidant, les jours d'automne se passèrent assez agréablement.[52] Mais l'hiver approchait et il se fit bientôt sentir aux Français avec une rigueur dont ceux-ci n'avaient aucune idée. En quelques jours, la glace ferma la rivière et emprisonna les navires. Puis la neige, tombant

NOTE 52.—Voir Appendice G.

incessamment en tourbillons, et poussée par la tempête sur le petit fort, l'eut bientôt presque complètement recouvert. A leur grande surprise, l'eau dont ils se servaient gela dans les tonneaux ; mais ce qui les émerveilla davantage fut de voir les sauvages, par les froids les plus intenses, traverser sur la glace, à travers les bancs de neige, et se rendre aux navires, la plupart tout nus,—" qui est chose incroiable qui ne le voit."

Pour comble de malheur, un fléau bien plus redoutable que les glaces et la neige allait frapper la petite colonie. Vers les premiers jours de décembre, les Français remarquèrent, sans toutefois en connaître la raison, que les visites des sauvages devenaient de plus en plus rares. Ils surent bientôt pourquoi. Le scorbut s'était déclaré à Stadaconé ; la maladie et la mort ravageaint la bourgade. Le fléau se communiqua bientôt aux navires, et les uns après les autres, les hommes de l'équipage tombèrent victimes de cette funeste épidemie ; vers le milieu de février, sur les cent-dix personnes qui accompagnaient Cartier, huit étaient morts, plus de cinquante étaient dangereusement malades, et il n'y en avait point dix qui n'en eussent plus ou moins ressenti les effets. Malheureusement cette infection était complètement inconnue aux étrangers ; ils en ignoraient également la cause et le remède. Ils furent bientôt réduits à une si triste condition qu'ils n'avaient plus la force d'enterrer leurs morts, pouvant à peine les enfouir sous la neige. Il ne restait plus personne qui fut en état de soigner les malades, car presque tout l'équipage était attaqué, à l'exception du capitaine " qu'il plût à Dieu de toujours conserver en santé."

On pourrait difficilement imaginer une situation plus

désespérante que celle de ces pauvres gens. A mille lieues de leurs familles et de leurs amis, au sein de forêts sauvages sans limites, où pas un Européen ne les avait encore précédés ; emprisonnés par la neige et les glaces ; entourés de sauvages dont l'amitié leur avait plus d'une fois paru douteuse, et, pour comble de malheur, assaillis par un fléau qui avait déjà fait vingt-cinq victimes et mettait le reste en danger de mort ; leur condition était certainement des plus pénibles et de nature à détruire tout espoir dans les cœurs les plus résolus.

Réduit à la dernière extrémité, Cartier eut recours au Tout-Puissant, par une démonstration d'un caractère particulier. Il ordonna que tout le monde se mit en prières, et fit ensuite porter une image de la Sainte-Vierge,[53] qu'il plaça contre un arbre, distant du fort d'une portée d'arc. Puis il organisa une procession solennelle, à laquelle prirent part tous ceux qui étaient en état de le faire, chantant les psaumes de la pénitence et les litanies, et implorant la Mère de Dieu d'intercéder auprès de son Divin Fils pour qu'il eut pitié de ses serviteurs. "Celuy jour," selon la chronique, "trépassa Philippe Rougemont, natif d'Ambroise, de l'âge d'environ vingt ans." Parkman profite de cette circonstance pour décocher un de ces traits railleurs, contre la foi et le culte de l'église catholique, dont la rencontre, à notre avis, dépare singulièrement ses brillants écrits. "La Sainte-Vierge" dit Parkman, "ne daigna point répondre autrement." Et cependant, sur la même page, il ajoute que quelques jours après, toute cette troupe de moribonds (woebegone men) qui, les yeux hagards, chancelants, et les

---

NOTE 53.--Le *Brief Recit* porte, "*et ficet porter ung ymage en remembrance de la Vierge-Marie contre ung arbre.*"

membres tuméfiés par des plaies nombreuses, avaient marché en procession vers le sanctuaire de la Vierge, furent merveilleusement guéris du fléau et rendus à la santé, sans en excepter un seul.

Il est vrai que Parkman ne fait point ressortir le contraste, entre la maladie et la guérison, d'une manière aussi tranchée que nous la donnons ici : " L'épidémie diminua ses ravages " ; voilà les termes dont il se sert pour raconter la cessation du fléau. Mais le *Brief Récit* qu'il a fidèlement suivi, dans le détail de cette maladie, ajoute au sujet de la guérison : " *Tout incontinent qu'ilz en eurent beu, ilz eurent l'aduantage qui se trouua estre vng vray & euident myracle. Car de toutes maladies dequoy ils estoiēt entachez, apres en auoir beu deux ou trois foys, recouurerent santé & guarison.*"

Il nous semble qu'il serait difficile d'imaginer, à part une intervention miraculeuse, une réponse plus efficace à la prière. Voyons comment la chose arriva. La cérémonie fut bientôt finie. Agenouillés dans la neige autour du signe sacré, la petite troupe, se servant des paroles inspirées du Psalmiste, avait imploré la miséricorde Divine, par l'intercession bienveillante de la Mère de Dieu. Puis, lentement et avec difficulté, ils reprirent le chemin de leurs navires, pour y apprendre la triste nouvelle qu'un autre de leurs compagnons venait de succomber au fléau qui les menaçait tous. Leur condition était réellement désespérée, et personne n'était cependant plus à plaindre que le vaillant capitaine qui dut alors éprouver une anxiété bien naturelle en cette circonstance. Sur lui retombait la responsabilité de tous, et tous semblaient attendre de lui un secours que, malheureusement, il lui était impossible de leur rendre. Mais Dieu, que Cartier avait toujours aimé à prier, lorsque la fortune lui souriait, ne l'oublia point dans sa détresse. Un jour, qu'en proie aux plus vives inquiétudes, il se promenait sur la glace, auprès du fort, redoutant, comme Hagar dans le désert, de voir ses compagnons mourir sous ses yeux, il remarqua quelques sauvages de Stadaconé, qui venaient vers lui, et parmi lesquels il reconnut Domagaya. Or, ce dernier avait été sérieusement attaqué du scorbut quelques jours auparavant. Quel ne fut pas l'étonnement de Cartier de le voir parfaitement rétabli. Interrogé aussitôt par le capitaine, sur les causes de cette prompte guérison, Domagaya lui apprit que le remède se trouvait dans les feuilles et le suc d'un certain arbre qui croissait aux environs et que les sauvages nommaient *Ameda.* Cartier le pria de lui montrer cet arbre, ajoutant, afin de cacher à ses voisins les ravages que la maladie avait faits dans son camp, qu'il voulait s'en servir pour guérir un de ses hommes qui avait imprudemment traversé la rivière et contracté la maladie à Stadaconé."

Domagaya, qui semble avoir toujours été favorablement disposé envers les étrangers, tant que Taignoagny n'était pas auprès de lui, envoya immédiatement deux femmes chercher des ram aux de cet arbre, que l'on croit être l'épinette blanche : les Français s'en servirent de la manière qu'on leur avait enseignée, laquelle consistait à faire bouillir ensemble les feuilles et l'écorce de l'arbre, à boire copieusement de cette tisane et à appliquer le marc en compresses. Au bout de cinq ou six jours, la médecine avait " fait telle opération, que si tous les médecins de Louvain et de Montpellier y eussent esté avec toutes les drogues d'Alexandrie, ilz n'en eussent pas tant faict en ung an, que le dit arbre a faict en six jours ; car il nous a tellement proffité, que tous ceulx qui en ont voullu user ont recouvert santé et guérison, la grâce à Dieu."

Cette guérison est d'autant plus remarquable que le même remède, employé plus tard, n'eut plus la même efficacité. Roberval, au Cap-Rouge, en 1542, et Champlain à Québec, pendant l'hiver de 1608-9, virent un grand nombre de leurs gens mourir du scorbut ; ils ne pouvaient pourtant pas ignorer les résultats obtenus par Cartier dans une pareille circonstance, et ils durent employer le même remède, sans avoir le même succès.[53 b.]

Quelle que soit l'appréciation de la science moderne sur ce sujet, on peut être certain que Cartier et ses gens attribuèrent leur guérison presque inattendue à l'intervention du Tout-Puissant, et que, quelques jours plus tard, il dut y avoir une autre procession à l'autel de la Vierge, où ils exprimèrent leurs sentiments de gratitude par ce magnifique hymne d'actions de grâces qui, depuis St Ambroise, a toujours été le sublime interprète de la reconnaissance des peuples chrétiens. Depuis ce jour, le *Te Deum* a retenti bien du fois sur les rives du grand fleuve du Canada. Nous l'avons entendu, nous-même, ce chant d'allégresse, tout près de l'endroit où s'accomplirent les faits que nous racontons maintenant, mais jamais, que nous sachions, même à l'heure des grands triomphes militaires, les paroles sublimes du cantique sacré furent-elles lancées vers le ciel, du fond de poitrines plus émues et pour des raisons mieux senties, qu'en ce jour d'hiver, où les braves compagnons de Cartier, abandonnés au milieu d'un désert de neige et de glace,

---

NOTE 53. b.—" Nous fismes ce jour quelque quatre lieux, et passames par vne baie (la baye de Casco, sur la côte du Maine,) où il y a quantité d'isles ; et voit-on d'icelle de grandes montaignes à l'ouest, où est la demeure d'un Capitaine sauuage appelé Aneda, qui se tient proche de la rivière de Quinibequy. Ie me persuaday par ce nom que c'estoit vn de sa race qui auoit trouué l'herbe appelée Aneda que Iacques Quartier a dict auoir, tant de puissance contre la maladie appelée Scurbut, dont nous auons des-ia parlé, qui tourmenta ses gens aussi bien que les nostres, lors qu'ils yuernerent en Canada."

Champlain. *Edit de Laverdière, Vol. III. pp. 50. 51.*

firent résonner la forêt primitive des accents de leur reconnaissance envers Dieu, qui les avait arrachés à la mort la plus horrible.

Nous nous sommes attardé quelque peu sur le côté religieux de cet incident, parce que nous étudions la vie d'un homme qui ne séparait jamais la religion des affaires de ce monde ; il ne faut cependant pas oublier de mentionner que, tout en adorant les décrets de la divine providence, Cartier reconnaissait que Dieu aide ceux qui s'aident. Doué d'un esprit pratique et d'un grand sens commun, il ne négligea aucun moyen de combattre le fléau qui sévissait si cruellement parmi ses gens. Après le décès de Philippe Rougemont, il fit faire l'autopsie du cadavre, dans l'espoir d'apprendre quelque chose sur la nature de la maladie qui avait jusque-là déjoué leurs efforts.

Quoique rempli de sollicitude pour les malades, il ne perdit jamais de vue la responsabilité qui lui incombait pour la sûreté générale des gens de l'expédition. De crainte que les sauvages, venant à soupçonner la cause du silence qui régnait auprès des navires, ne saisissent cette occasion pour les attaquer, Cartier faisait sortir, en dehors de l'enceinte du fort, deux ou trois de ses gens les moins malades, avec ordre de se promener comme s'ils n'avaient rien à faire. Alors apparaissant tout à coup, il les rappelait brusquement, leur disant, assez haut pour les sauvages l'entendissent, que leur présence était requise à bord, et qu'ils n'avaient point de temps à perdre. Pour donner à ces ordres un air de vraisemblance, il commandait aux malades de faire autant de bruit que possible avec des maillets, des bâtons etc, pour faire croire aux sauvages qu'ils étaient occupés à des travaux qui ne leur permettaient point de sortir hors du fort. Et, ajoute le courageux capitaine : " pour lors estions si esprins de la dicte maladie, qu'avions quasi perdu l'espérance de jamais retourner en France " ; mais son courage inébranlable ne faiblit pas un instant.

En même temps que la santé et les forces revenaient aux équipages affaiblis, des signes certains leur apprirent que ce long hiver touchait enfin à son terme ; les jours devinrent plus longs, la chaleur du soleil plus forte ; et il est facile de se peindre la joie avec laquelle ces pauvres prisonniers caressèrent l'espoir de revoir encore leur France bien-aimée.

Enfin les glaces et la neige disparurent, et les navires, délivrés de leurs entraves, quittèrent leur quartier d'hiver : mais il n'y en avait plus que deux, car les vides que le fléau avait faits dans les rangs de l'équipage avaient obligé Cartier à abandonner "*la Petite Hermine*," dont la coque, ensevelie dans la vase pendant 307 ans, a été retrouvée en 1843. Le retour du printemps fut signalé par un surcroît d'activité parmi les habitants de Stadaconé, dont Cartier se méfiait de plus en plus. Le refroidissement qui existait déjà envers la capitaine fut encore augmenté par le fait qu'il donna, en présent, le navire abandonné aux sauvages de Sidatin,[54] qui demeuraient dans le voisinage, et qui s'étaient toujours montrés sympathiques aux Français, afin qu'ils en retirassent les clous, que les sauvages recherchaient avidement. Nous croyons trouver, dans ce détail, l'explication du fait que l'on

---

NOTE 54. – Cartier fait mention de quatre "villes peuplées" situées le long du Saint-Laurent, à l'est de Stadaconé. "Ara-te ou Ayraste, Starnatan, Tailla, bâtie sur une montagne," (peutêtre le cap Tourmente) et "Scitadin ou Sitadin," la plus rapprochée de Stadaconé, "sous laquelle ville, vers le nord, est la rivière et hable de Sainte Croix ; auquel lieu avons été demppuis le quinzième jour de septembre jusqu'au sixième jour de mai 1536, auquel lieu les navires demeurèrent à sec, comme ci-devant est dit." Cette dernière phrase suffit pour identifier l'endroit où Cartier hiverna avec ses navires.

a découvert les débris de *la Petite Hermine* dans le ruisseau Saint-Michel, et non dans la petite rivière Lairet, comme on serait naturellement porté à le supposer.[55]

Les naturels de Sitadin faisaient de fréquentes visites aux Français—"alloient & venoient entour nous" (B. R.), et il est probable que ces derniers, sur le point de partir, voulurent se débarasser de gens qui devenaient importuns. En leur donnant la vieille barque, Cartier doit avoir mis comme condition, qu'ils la conduiraient hors du Lairet, pour en extraire les clous ; et le ruisseau Saint-Michel est certainement l'endroit le plus convenable qu'ils auraient pu choisir pour l'échouer à marée basse.[56]

Vers le fin de l'hiver, Donnacona était parti pour la chasse, en compagnie de Taignoagny et de quelques sauvages, donnant à entendre aux Français que son absence ne devait durer qu'une quinzaine de jours ; mais ils ne revint qu'au bout de deux mois. Cette absence prolongée éveilla les soupçons de Cartier, et il crut s'apercevoir que les gens de Stadaconé cherchaient à soulever les tribus voisines contre lui. Peu de temps après leur retour, la présence d'un grand

---

NOTE 55.—Voir appendice F.

NOTE 56.—L'auteur de cette étude avoue entretenir quelques doutes sur l'authenticité de la découverte, faite dans le ruisseau Saint-Michel, de ce que l'on suppose généralement être la coque de *la Petite Hermine*. D'abord les débris n'ont pas été trouvés précisément là où Cartier hiverna. Nous avons cherché à expliquer cette objection d'une manière plausible, mais il se présente une difficulté bien plus sérieuse. Comme on vient de le voir, Cartier nous dit qu'il fit don de la vieille barque à une certaine bande de sauvages, pour qu'ils en retirassent les clous (*pour avoir les viel clous*—B. R.) qui devaient être d'une grande valeur pour des gens chez qui l'usage du fer était encore une chose inconnue. On peut donc raisonnablement conclure que, si les sauvages laissèrent quelques débris du navire, ils durent, au moins, en extraire tous les clous et chevilles de fer. Cependant, nous lisons dans le compte rendu de la découverte faite dans le ruisseau Saint-Michel, tel que publié dans la *Gazette de Québec*, le 30 août 1843, "le vaisseau avait été construit en chêne, lequel était encore dans un bon état de préservation, quoique ayant perdu sa couleur, et les carvelles de fer ainsi que les chevilles n'étaient pas trop détériorées."

La solution de cette objection serait reçue avec beaucoup de plaisir par les antiquaires.

nombre de visages étrangers, dans la bourgade de Stadaconé, justifiait en partie les craintes du capitaine ; "*ils étaient beaulx et puissants*" dit-il, "*et n'avions accoustumé de les veoir.*"

Cartier ayant été mis au fait, par Domagaya, de ce qui se tramait à Stadaconé, crut prudent d'y envoyer deux de ses hommes, pour se rendre compte de la situation. Jehan Poullet, que les sauvages estimaient d'une manière toute particulière, [57] et le domestique du capitaine furent chargés de cette mission. Ils entrèrent dans la bourgade, sous prétexte qu'ils étaient porteurs de présents à l'adresse de Donnacona ; mais le rusé sagamos, feignant d'être indisposé, ne voulut pas les recevoir. Alors les envoyés se rendirent chez Taignoagny, dont ils trouvèrent la résidence toute remplie d'étrangers. Surpris de cette visite inattendue, ce dernier se montra très empressé de ramener les visiteurs à leurs navires, leur refusant la permission d'entrer dans aucune autre cabane. Il alla même les reconduire jusqu'à une certaine distance hors de la ville, pour s'assurer qu'ils retourneraient tout droit chez eux. Il profita de cette occasion pour faire dire à Cartier qu'il lui ferait un grand plaisir, ainsi qu'à Donnacona, s'il voulait s'emparer d'un certain chef, nommé Agouna, qu'il représenta comme un homme d'un esprit turbulent et un fauteur de discordes dans la tribu, et l'emmener en France. Nous verrons, plus tard, ce même Agouna succéder à Donnacona en qualité de sagamos, et on peut supposer avec raison, qu'en faisant cette demande, Taignoagny parlait surtout dans son intérêt,

---

NOTE 57.—Il est assez probable que Jehan Poullet n'a pas été étranger à la rédaction du *Brief Recit*.

et ne cherchait qu'à éloigner du "Trône" un aspirant qui se trouvait dans son chemin.

Cartier fut bientôt mis au fait du désir exprimé par Taignoagny ; à la vue du grand nombre de sauvages étrangers qui rôdaient aux environs, et dont les desseins étaient pour lui un mystère, il conclut qu'il était grandement temps de songer au départ pour la France. On lui avait demandé de prendre un sauvage avec lui ; l'idée était bonne, mais il allait choisir son homme. Le capitaine et ses compagnons pouvaient bien rendre compte, à la cour du Roi, des immenses rivières, des déserts sans fin, du climat rigoureux et des peuples barbares qu'ils avaient rencontrés ; mais qui serait là pour décrire cette contrée mystérieuse, où l'or, les rubis et autres pierres précieuses, se trouvaient en abondance ? Ce pays qu'habitait une race blanche vêtue à l'européenne—cette région inconnue où la nature capricieuse se plaisait à jouer avec la forme humaine,—qui pourrait en parler si ce n'était Donnacona lui-même qui avait vu ces merveilles ? Les interprètes avaient aussi un rôle à remplir dans le plan du capitaine ; pourquoi ne les emmenerait-il pas ? C'était plus qu'il n'en fallait pour le décider à devancer ses ennemis, en saisissant les chefs du complot pour les conduire en France.

Certains écrivains ont fortement reproché à Cartier cette finesse "prettie prancke," suivant l'expression de Hakluyt, et la considèrent comme une tache ineffaçable à sa réputation. Or, le but que nous nous sommes proposé dans ce travail est de dépeindre Cartier tel qu'il était et de juger ses actions d'après les documents écrits. Nous ne prétendons point qu'il fut toujours, et en toute occasion. exempt de tout blâme, et nous admettons avec franchise que cet enlèvement des sauvages, si l'on met de côté la pratique des explorateurs, au temps de Cartier, et les circonstances difficiles où il se trouvait alors, cet enlèvement, disons-nous, fut un acte entaché de cruauté et de perfidie. Maintenant, quel droit avons-nous de juger ainsi les actions de cette homme ? Quels sont les héros de l'histoire, qu'on veuille bien nous le dire, dont la conduite pourrait subir, sans échec, l'application rigide d'une morale absolue ? Donc, en examinant cette question, il faut absolument prendre en considération les circonstances mêmes qu'il est nécessaire de mettre de côté si l'on veut condamner la conduite de Cartier. D'abord, il ne faut pas oublier qu'à cette époque, c'était la coutume de tous les explorateurs, lorsqu'ils retournaient au pays, d'amener avec eux, quelques habitants des pays qu'ils avaient visités. Nous avons vu que Cabot ramena avec lui trois naturels, enlevés sur les côtes d'Amérique ; et rien ne porte à croire qu'il les ait consultés d'avance sur cette promenade forcée. Aubert de Dieppe, à son retour, était accompagné d'un sauvage, et Corte-Real en captura cinquante pour les vendre en esclavage. Lorsqu'il s'empara de Donnacona et des interprètes, Cartier ne fit que suivre la coutume de l'époque où il vivait, avec cette différence, néanmoins, que, tandis que les premiers découvreurs traitaient les naturels avec beaucoup de cruauté, les pillaient et souvent les massacraient par centaines, il fit plusieurs voyages au Canada, passa au moins deux hivers dans le pays, entouré de sauvages qui ne lui voulaient aucun bien, et personne ne peut dire qu'il ait jamais versé une goutte de sang humain, ni enlevé le moindre objet que ce soit. On ne peut lui reprocher que ces deux enlèvements à Gaspé et à Québec, et tout le monde s'accorde à reconnaître qu'en ces occasions, il traita les captifs avec beaucoup de bonté et d'attention. Sa conduite, en cette circonstance, contraste étrangement avec celle de ses contemporains,[58] de Menendez ou de Pizarre, par exemple, ou bien de Drake et de Hawkins, et loin de blâmer le capitaine breton de s'être montré injuste et cruel envers le peau-rouge, nous serons étonnés de voir avec quelle humanité et quelle générosité il traita les sauvages qu'il rencontra, et combien sa manière d'agir le distingue honorablement des explorateurs de cette époque grossière, lesquels, comme nous l'avons déjà dit, semblaient, la plus part du temps, ne tenir aucun compte des sentiments les plus légitimes des races aborigènes.

Le 3 mai, fête de l'invention de la Sainte-Croix, Cartier, en l'honneur de la solennité du jour, fit planter une belle croix, de la hauteur d'environ trente-cinq pieds, sur la traverse de laquelle un écusson en bosse, aux armes de France, portait l'inscription suivante : " FRANCISCUS PRIMUS DEI GRATIA FRANCORUM REX REGNAT."

Il ne lui restait plus maintenant qu'à s'emparer des sauvages qu'il avait résolu d'emmener avec lui. Et pour y parvenir, il se servit d'un stratagème qui est entaché, nous l'avouons à regret, d'une certaine duplicité. Le piège réussit à merveille, et le soir du jour qui vit l'érection de la

---

NOTE 58.—Lorsque l'on considère la conduite des explorateurs qui suivirent immédiatement Cartier, tels que Poutrincourt et Champlain, nous les voyons, à peine débarqués sur le sol du Nouveau-Monde, s'engager dans des démêlés avec les sauvages. Il faut cependant, en justice, ajouter qu'ils furent portés à cette extrémité par la nécessité de se défendre contre des attaques qu'ils n'avaient point provoquées, et que, dans leurs rapports ordinaires avec les sauvages, ils marchèrent généralement sur les traces de Cartier.

croix, Donnacona, Taignoagny, Domagaya et quelques autres,[59] étaient sous bonne garde à bord des navires.

Apparemment épouvantés par ce coup de main énergique, les sauvages n'offrirent aucune résistance ; Donnacona se laissa consoler par quelques présents, surtout par deux poêlons en cuivre, et par la promesse que lui fit Cartier de le ramener à Stadaconé, dans dix ou douze lunes.

Le samedi, 6 mai 1536, les navires levèrent l'ancre et quittèrent le lieu de leur hivernement. Ils passèrent la nuit un peu en bas de l'île d'Orléans, à laquelle Cartier avait déjà donné ce nom. La nouvelle de l'enlèvement les avait déjà devancés, le long du fleuve ; mais ces bandes éparses, effrayées par un coup de main aussi hardi, ne firent aucune tentative pour délivrer les captifs. Ils ne paraissent pas avoir été d'humeur belliqueuse, en aucun temps, ce qui rend Cartier moins excusable de s'être emparé de leur chef. A l'île aux Coudres, qui formait la limite-est de son royaume, Donnacona harangua, du pont du navire, un certain nombre de ses sujets, les assurant qu'il était bien traité et qu'il reviendrait, dans douze lunes, reprendre possession de son autorité. Cette nouvelle réjouit grandement les sauvages qui, comme dernier tribut d'hommage, présentèrent à leur monarque quelques paquets de peaux et " un

---

NOTE 59. — Il est difficile de donner le chiffre exact des sauvages enlevés, en cette occasion. La relation dit d'abord : " Et commanda le dit capitaine à ses gens de prendre le dit Seigneur Donnacona, Taignoagny, Domagaya, " (lequel paraît avoir été complice en cette affaire) " et deux autres des principaux qu'il montra." Puis, un peu plus loin — " Nostre capitaine voyant qu'il n'y avait autre ordre se prit à crier qu'on les prit. Auquel cri sortirent les gens du dit capitaine, lesquels prirent le dit seigneur, et ceux qu'on avoit délibéré de prendre."

Dans le premier chapitre de la narration du troisième voyage, Hakluyt dit que le nombre des sauvages que Cartier emmena avec lui, lors de son second voyage, se montait à dix. Or, il en avait déjà quatre avec lui avant l'enlèvement : deux garçons et une fille que Donnacona avait donnés au capitaine, peu de temps après son arrivée, et la petite fille dont le chef d'Ochelay lui avait fait présent. Il paraîtrait donc, qu'en cette occasion, Cartier s'empara de six personnes, savoir, Donnacona, Taignoagny, Domagaya et trois autres sauvages.

grand couteau de cuivre rouge, qui vient du dit Saguenay." Puis les voiles se gonflèrent sous la brise, et Donnacona jeta un dernier regard d'adieu sur ses domaines qu'il ne devait plus revoir.

Les navires s'arrêtèrent pour quelque temps à l'île aux Lièvres, (*l'ysle es lieures B. R.*), ainsi nommée par Cartier, à cause du grand nombre de lièvres qu'il y remarqua. Les vents contraires les retinrent dans le voisinage jusqu'au 21 mai; alors, le temps devenant plus favorable, ils continuèrent heureusement leur voyage jusqu'aux îles de Brion, prenant le chenal qui se trouve entre l'île d'Anticosti et Gaspé, "lequel passage," dit Cartier, "n'avait pardevant été découvert"— quoiqu'il en fût venu bien près lui même, lors de son premier voyage. Après avoir longé le cap Nord, qu'ils nommèrent le cap de Lorraine, ils passèrent quelques jours en vue des côtes du Cap-Breton. Puis il traversèrent à la côte de Terreneuve, s'arrêtant en chemin aux îles de Saint-Pierre de Miquelon. Ils rencontrèrent, dans ce dernier endroit, plusieurs navires de France qui faisaient la pêche à la morue, et passèrent une semaine en leur compagnie, émerveillant, nous n'en doutons point, les pêcheurs par le récit de leurs aventures. Le 16ème jour de ce mois, ils partirent de Saint-Pierre et, cinglant à l'est, ils entrèrent dans le havre alors connu sous le nom de Rognouse—(*Ed. de 1843*; *Rougnoze, B. R.*), aujourd'hui la baie des Trépassés, où ils firent une provision d'eau et de bois suffisante pour le reste du voyage, et (ce qui paraît bien étrange) y laissèrent une de leurs barques. Le lundi, 19 juin, ils appareillèrent du dit havre, et arrivèrent heureusement à Saint-Malo, le 6 juillet, "la grâce au Créateur" ajoute le narrateur, "le priant, faisant fin à nostre navigation, nous donner grâce et paradis à la fin. Amen."

CHAPITRE V.

LE TROISIEME VOYAGE.

Cartier fait rapport de son voyage au Roi.—Retard dans le renouvellement de sa commission.—Causes probables du délai.—Préparatifs d'un troisième voyage.—Départ de Cartier.—Arrivée à Stadaconé.—Entrevue avec Agona.—Choix du Cap-Rouge pour quartiers d'hiver.—Cartier renvoie deux vaisseaux en France.—Charlesbourg-Royal.—Visite à Hochelaga.—Le Seigneur de Hochelay.—Les Sauts —Hypocrisie des sauvages.—Retour à Charlesbourg-Royal.—Préparatifs de défense.—Fin de la relation de Cartier.—Départ de Roberval de La Rochelle.—Il rencontre Cartier à Saint-Jean de Terreneuve.—Cartier retourne en France.—Prétendus motifs de sa conduite.—A quelle date Roberval fit-il son voyage?

FRANÇOIS IER reçut Cartier avec beaucoup de bienveillance et voulut entendre, de la bouche même du capitaine, le récit de ses aventures, dont il lui demanda, plus tard, une relation par écrit.[60] Le Roi témoigna aussi beaucoup d'intérêt aux sauvages captifs, avec lesquels il s'entretint des merveilles du Saguenay, et il prit soin de recommander à Cartier de voir à leur instruction religieuse.[61]

NOTE 60.—Voir appendice H.

NOTE 61 —Les registres des baptêmes à Saint-Malo prouvent, comme on peut le voir par l'extrait suivant, que Cartier remplit fidèlement la mission qui lui avait été confiée.

"Ce jour, Notre Dame, 25e mars de l'an 1538*, furent baptizés trois sauvages hommes, des parties du Canada, prins au dit pays, par honneste homme Jacques Cartier, capitaine pour le Roy notre Sire, pour descouvrir les dites terres." &c.

*Ou 1539. Voir note 7, page 26. En 1539, le jour de Pâques tomba le 6 avril.

Les autres sauvages furent aussi baptisés quelque temps après.

D'après Mons. Faillon, Jacques Cartier fut le parrain de l'un d'eux, tandisque Donnacona reçut le nom de François.

Dans sa *Cosmographie Universelle, Vol. II, p. 1013*, Thévet, parlant de Donnacona, qu'il dit avoir connu, ajoute :—"lequel est mort en France du temps du grand Roy Françoys, parlant assez bien nostre langue, & y ayant demeuré quatre ou cinq ans, deceda bon chrestien," &c

Le même auteur dit, en parlant de Cartier, (*ibid.* p. 1009) qu'il était "l'vn de mes meilleurs amys," et ailleurs, qu'il véeut cinq mois avec lui dans sa maison, à Saint-Malo.

Il est certain que Cartier s'occupa aussitôt de faire renouveler sa commission ; mais il était revenu en France à une époque bien peu favorable pour soumettre à la considération du Roi les projets qu'il avait formés pour l'avenir. La rivalité entre la France et l'Espagne, qui n'avait fait qu'augmenter pendant son absence, touchait maintenant à son point culminant ; et pendant l'été de 1536, la France, envahie de tous côtés par Charles-Quint, devint le champ de bataille des deux nations rivales. Les projets de colonisation furent nécessairement mis de côté, et Cartier ne put remplir la promesse qu'il avait faite à Donnacona (de bonne foi, tout nous porte à le croire), de le ramener au Canada dans douze lunes. Il y avait encore une autre raison, qui était bien loin de stimuler le zèle de ceux qui étaient au pouvoir, en faveur de la Nouvelle-France. On n'y avait trouvé ni or ni argent, et, à cette époque, un pays nouvellement découvert, qui ne produisait point ces métaux précieux, n'excitait qu'un intérêt bien médiocre. De plus, l'amiral de Chabot, le patron et l'ami de Cartier, ne jouissait plus de la même influence à la Cour. Toutes ces causes réunies suffisent à expliquer le délai de cinq ans, qui s'écoula entre le deuxième et le troisième voyage de Cartier, sans qu'il y ait raison de reprocher au navigateur malouin d'avoir cherché à décourager de nouvelles expéditions au Canada, en insistant sur la misère qu'il avait éprouvée en ce pays. Cette supposition, inventée par Lescarbot, semble dénuée de tout fondement.

Enfin, la trève de 1538 permit à François 1er de s'occuper des découvertes de Cartier et de prendre connaissance, pour la première fois peut-être, du récit détaillé que le capitaine lui avait remis de son dernier voyage. Le Roi et la Cour étaient bien loin de se faire une idée de l'importance des découvertes de Cartier; néanmoins, favorablement impressionné par la relation, François 1er résolut d'affirmer sa souveraineté sur ses nouveaux domaines et d'envoyer Jean François de la Roque, Sieur de Roberval, en qualité de vice-roi dans le Nouveau-Monde. En vertu de lettres patentes, du quinze janvier 1540, Roberval fut déclaré seigneur de Norembègue, vice-roi et lieutenant-général en Canada, Hochelaga, Saguenay, Terre-Neuve, Belle-Isle, Carpont, Labrador, la Grande Baie, et Baccalaos.[62]

Le Roi fournissait 45,000 livres pour les frais de l'expédition et autorisait Roberval à se procurer un nombre de personnes suffisant pour mener l'entreprise à bonne fin. Roberval paraît avoir rencontré quelques difficultés à remplir la dernière partie de cette commission ; car le 7 février suivant, le Roi émana de nouvelles lettres patentes l'autorisant à prendre, dans les prisons du ressort des parlements de Paris, Toulouse, Bordeaux, Rouen et Dijon, tous les criminels condamnés à mort dont il aurait besoin pour remplir le cadre de ses équipages, pourvu cependant qu'ils ne fussent point prévenus du crime d'hérésie, de lèse-majesté, ou de fausse monnaie.

Il fallait, pour conduire une expédition de cette nature, un chef qui fût non-seulement renseigné sur le pays qu'on allait explorer, mais qui connût aussi les moyens de s'y rendre. Or, il n'y avait qu'un seul homme, en France, qui

---

NOTE 62.—La Commission de Roberval était intitulée: "*Lettres Patentes accordées à Jehan Françoys de la Roque Sr de Roberval.*" Il y est tout simplement appelé "*notre Lieutenant-General, Chef Ducteur et Cappitaine de la d. entreprinse.*" Les Lettres Patentes et la Commission paraissent avoir été deux documents différents.

Le royaume de Norembègue, Norumbègue ou Arambec, comprenait, selon la carte de Ramusio, la Nouvelle-Ecosse, le sud du Nouveau-Brunswick et une partie du Maine.

Tout porte à croire que François 1er considérait le Canada, Hochelaga et le Saguenay, comme formant trois pays différents.

réunit toutes ces qualités, et le choix du Roi tomba nécessairement sur Jacques Cartier. Par de nouvelles lettres patentes, en date du 17 octobre 1540[63], Francois 1er, plein de confiance dans la loyauté, la sagesse et l'expérience de son fidèle et bien-aimé serviteur, nomma Jacques Cartier capitaine général et maître-pilote de tous les vaisseaux qu'il destinait à prendre part à cette expédition.

D'après la teneur de la commission, le but principal de l'entreprise était de faire connaître la religion catholique aux nations infidèles du Nouveau-Monde ; mais, par une étrange contradiction, ce document autorise en même temps Roberval à choisir le personnel de son équipage parmi les voleurs et les meurtriers qui remplissaient alors les prisons de l'état. Les pouvoirs accordés à Cartier et à Roberval, pour cette entreprise, étaient loin d'être définis, et furent, en conséquence, une cause de désagréments pour l'un et l'autre. Dès le début, il y aurait eu un conflit d'autorité. La commission de Cartier l'autorisait à équiper cinq navires pour le voyage. Sur la somme de 45,000 livres, fournie à Roberval pour les frais de l'expédition, Cartier en reçut d'abord 30,000, et Roberval lui aurait donné 1,300 livres, plus tard ; le roi mit aussi *l'Emérillon* à sa disposition pour le voyage. Il dut donc employer les 30,000 livres à acheter ou noliser quatre navires, puis il fallut les armer et les équiper, ainsi que celui qu'il avait obtenu en présent. Le roi désirait que le départ ne fut pas différé un instant ; en conséquence, il donna ordre à Roberval et à Cartier de mettre à la voile, pas plus tard que le 15 avril, si la chose était possible. Et il avait, en cela, grandement raison. Les retards avaient déjà compromis les chances de succès de l'expédition ; et la

NOTE 63. - Voir appendice I.

mort de tous les sauvages conduits en France, sauf une petite fille, n'avait fait qu'augmenter la défiance et était regardée comme un mauvais présage. Le changement avait été trop brusque pour ces enfants des bois ; et, fatigués d'attendre sonner l'heure du retour au pays de leurs ancêtres, ils étaient morts en exil, après avoir embrassé la religion catholique et reçu le sacrement de baptême.

Nous avons une preuve que cet incident malheureux ne manqua pas d'affecter singulièrement ceux qui pouvaient en apprécier les conséquences, dans les premières lignes du compte rendu, malheureusement inachevé, que Hakluyt nous a laissé—la seule relation du troisième voyage de Cartier qui soit parvenue jusqu'à nous.

"And *albeit* his Majestie was advertized by the sayd Cartier of the death and decease of all the people which were brought over by him (which were tenne in number) saving one little girle about tenne yeeres old, *yet* he resolved to send the sayd Cartier his Pilot thither againe." &c.

Personne ne réalisa, mieux que le capitaine général, les conséquences que pourrait avoir la mort de ces pauvres sauvages.

De même que pour les expéditions précédentes, les préparatifs de celle-ci se firent à Saint-Malo. Il fut impossible de se rendre au désir du roi, et de mettre à la voile le 15 avril ; mais, un mois plus tard, cinq navires se balançaient sur leurs ancres dans le port de Saint-Malo, n'attendant pour partir que l'artillerie et les munitions commandées par Roberval fussent arrivées. Ne pouvant pas le retarder davantage, Roberval se détermina à laisser Cartier prendre les devants, pendant que lui-même se rendrait à Honfleur, où il croyait que les munitions étaient déjà rendues, se proposant d'y faire équiper un ou deux navires pour le rejoindre, lorsque la saison serait plus avancée.

Ces apprêts de voyage avaient éveillé l'attention, non

seulement dans les ports de Normandie, mais même au delà des frontières de la France. On se demandait, avec surprise, dans quel but on pouvait bien dépenser une somme aussi forte pour equiper tant de navires, et mettre cette expédition sous les ordres d'un personnage aussi important que "*le petit roi de Vimeu*," comme François Ier appelait Roberval. Ces rumeurs se répandirent jusqu'à Madrid, grossissant le long du chemin, comme on peut se l'imaginer, et la jalousie espagnole fut alarmée à l'idée de l'intervention des pouvoirs étrangers dans le monopole que ce royaume prétendait posséder sur le Nouveau-Monde. La cour du roi Très-Catholique dépêcha un espion qui avait ordre de visiter les ports de France et de se renseigner exactement sur ce qu'il pouvait y avoir de fondé dans les rumeurs qui circulaient ainsi. L'envoyé rapporta que les Français se préparaient à partir pour Baccalaos; alors les Espagnols, voyant que leurs intérêts d'outre-mer n'étaient point menacés, respirèrent sans inquiétude.

Le 23 mai 1541,[64] Cartier partait du port de Saint-Malo pour son troisième voyage au Nouveau-Monde. Il avait avec lui cinq navires bien équipés et approvisionnés pour deux ans ; de ce nombre était *l'Emérillon* que le Roi lui avait fait donné pour le voyage. Nous voyons par l'audition de ses comptes, qu'un des navires s'appelait *l'Hermine*, probablement *la Grande Hermine*, qui avait fait le deuxième voyage. Nous ne connaissons rien des autres, sinon que le,

---

NOTE 64.—La version de Hakluyt place la date du départ au 23 mai 1540 : mais c'est évidemment une erreur. Outre les lettres patentes de Cartier, qui sont datées du 17 et du 20 octobre 1540, il y a encore des accusés de réception, signés à Saint-Malo par Roberval et Cartier, le 17 mai 1541. D'ailleurs l'on voit par les registres de la cathédrale de Saint-Malo que, le 11 avril 1541, Cartier tint sur les fonts baptismaux une fille de Charles Le Huchestel et de Denise des Granches, à laquelle fut donné le nom de Jacquette.

tonnage réuni des cinq vaisseaux se montait à 400 tonneaux. Comme *la Grande Hermine* était de 120 tonneaux et *l'Emérillon* de 40, les trois autres devaient être d'environ 80 tonneaux chacun. La traversée fut longue et orageuse, et ce ne fut que vers la fin de juin que les navires, qui avaient été séparés par la tempête, arrivèrent à l'île de Carpont, sur la côte de Terreneuve. Le manque d'eau se fit sentir pendant la traversée et les bestiaux qu'ils apportaient avec eux pour les répandre dans le nouveau pays, souffrirent grandement.

Cartier paraît avoir attendu, pendant environ six semaines, l'arrivée de Roberval à Carpont, qu'on avait probablement choisi pour rendez-vous. Enfin, à bout de patience, il décida de se rendre, sans lui, au but de son voyage, et après une heureuse navigation, il jetait l'ancre dans le havre de Sainte-Croix, le 23 août, trois mois après son départ de Saint-Malo.

Suivant leur habitude, les sauvages, de tout âge et tout sexe, vinrent, dans leurs canots, rendre visite aux étrangers. Après les souhaits de bienvenue, il fallut répondre à l'inévitable question : "Où est Donnacona." Cartier leur dit alors que Donnacona était "décédé en France, et que son corps était demeuré en terre ;" mais craignant que la vérité toute entière n'eût quelque fâcheux effet sur ses interrogateurs, il ajouta que les autres s'étaient mariés, qu'ils vivaient en grands seigneurs et ne désiraient point revenir au Canada. Un profond silence suivit cette réponse de Cartier, et tous, à l'exception d'Agona, qui depuis le dernier voyage, avait succédé à Donnacona, montrèrent beaucoup de chagrin à la nouvelle de la mort de leur seigneur. Agona, (ou Agouna) comme l'on s'en rappelle, était le nom de ce chef turbulent que Taignoagny avait conseillé à Cartier d'enlever, lors de son précédent voyage. Les soupçons de Taignoagny sur l'ambitieux Agona s'étaient réalisés, car il est à peu près certain que son ancien ennemi avait remplacé Donnacona, quoique Taignoagny n'ait pas eu la douleur d'assister au triomphe de son rival. Agona reçut la nouvelle de la mort de Donnacona sans montrer aucun signe de déplaisir, car comme le dit Hakluyt, "le dit Agona ne témoigna aucune colère à tous ces discours, et je crois qu'il le prit ainsi en bonne part, parcequ'il demeurait Seigneur et Gouverneur du pays, par la mort du dit Donnacona." A la fin de l'entrevue, Agona voulut donner au capitaine une nouvelle preuve de son amitié. Il prit la couronne d'ésurgny qui ornait son front, et les bracelets qu'il portait aux poignets, et les remit à Cartier, avec de grandes démonstrations d'affection, lesquelles, ajoute la chronique, "n'étaient au fond que dissimulation, comme la suite le montra."[65]

Cependant, pour certaine raison que nous ignorons, peut-être dans le but de s'éloigner des tristes souvenirs que lui suggérait le havre de Sainte-Croix, Cartier voulut aller chercher ailleurs un abri pour ses vaisseaux et s'y fortifier dans le but d'y passer l'hiver. Il remonta donc le fleuve avec ses barques à quelque distance au-delà de Stadaconé, et fixa son choix sur l'entrée d'une petite rivière, environ quatre lieues au-dessus de Canada, laquelle lui parut plus commode et plus avantageuse que le havre de Sainte-Croix. L'endroit qu'il choisit est vraisemblablement le Cap-Rouge ; comme

---

NOTE 65. —Ces expressions ; "comme bien il nous apparut ensuite," et "comme la suite le montra," semblent indiquer, d'une manière assez claire, ce qui se passa à Charlesbourg-Royal, l'hiver suivant. La relation inédite de ces événements dort peut-être, couverte de poussière, dans quelque dépot de vieux manuscrits, en France. Puisse-t-elle un jour, comme *la Relation Originale* du Premier Voyage, être tirée de l'oubli et livrée à la publicité.

d'habitude, Cartier a exagéré la distance qui le séparait de Stadaconé.

Le 23 août, il fit remonter tous les navires jusque vis-à-vis cette petite rivière, à l'entrée de laquelle il en plaça trois, laissant les deux autres en plein courant, prêts à retourner en France pour y porter les lettres que Cartier adressait au roi, l'informant de tout ce qui s'était passé depuis le départ, et lui faisant savoir que le sieur de Roberval n'était point encore arrivé. Dès le 2 septembre, ils avaient débarqué leurs provisions, et érigé un petit fort, monté de canon, pour la protection des trois navires qui devaient hiverner au pays. Le même jour, les deux vaisseaux laissés en rade repartirent pour la France, l'un commandé par Macé Jalobert, beau-frère de Cartier, et l'autre, par Etienne Noël, son neveu.[63]

Cartier fit ensuite l'exploration du pays avoisinant, dont la fertilité lui plut grandement ; il trouva les arbres plus beaux que ceux qu'il avait vus partout ailleurs. Quant aux vignes dont le sol était couvert, elles ne produisaient pas un raisin "aussi agréable que celui de France, par la raison qu'elles ne sont pas cultivées, et parcequ'elles croissent naturellement sauvages." "En somme," ajoute Cartier, "ce Pais est aussi propre au labourage et à la culture qu'on puisse trouver ou désirer." Il employa donc vingt hommes à préparer la terre, et dans une seule journée ils labourèrent un arpent et demi. Ils y semèrent des graines de choux, de

NOTE 63 — Nous voyons, par d'autres sources, que Jalobert et Noël apportèrent avec eux en France la nouvelle de la mort de Thomas Fromont, dit de la Bouille, qui commandait *la Grande Hermine*, lois du deuxième voyage. Il nous parait avoir été l'homme de confiance de Cartier. On ignore en quel endroit et comment il mourut ; mais, comme il partit de Saint-Malo avec le capitaine, en mai 1541, et que les navires qui portaient la nouvelle de son décès quittèrent Charlesbourg-Royal le 2 septembre, il est tout probable qu'il mourut pendant la traversée au Canada.

laitue, et des navets, qui sortirent de terre au bout de huit jours. Sur le sommet du promontoire qui dominait les navires, ils construisirent un autre fort, " pour la garde du fort qui était au bas, aussi que des navires et de tout ce qui pouvoit passer, tant par le grand fleuve que par cette petite rivière." Un chemin fut pratiqué dans le roc vif, conduisant au fort d'en haut, près duquel coulait une source d'eau limpide. Sur cette montagne, ils trouvèrent des cristaux de quartz qu'ils prirent pour des diamants ; des feuilles de mica, aussi épaisses que l'ongle, qu'ils ramassèrent sur le rivage, leur firent croire qu'ils avaient trouvé de l'or.

Lorsque les forts furent achevés, et que tout sembla bien aller à Charlesbourg-Royal, (car on avait ainsi nommé le nouvel établissement, en l'honneur de Charles d'Orléans, fils du Roi de France), l'infatigable capitaine n'eut rien de plus pressé que de faire un voyage à Hochelaga. Encore profondément impressionné par les histoires de Donnacona, il désirait connaître davantage cette région mystérieuse qui s'étendait indéfiniment au nord et à l'ouest. Le souvenir de ces "sauts d'eau impétueux" qu'il avait observés, du sommet du Mont-Royal, obsédait sa mémoire, au point qu'il ne pouvait se résigner à endurer l'inactivité de Charlesbourg-Royal. Son intention était de remonter le fleuve et de se rendre compte du pays, puis de revenir avant les grands froids, et de consacrer l'hiver à se préparer pour une exploration plus considérable qu'il entreprendrait l'été suivant. Après avoir soumis son projet à ses officiers réunis en conseil Cartier, accompagné de Martin de Painpoint et de quelques autres gentilshommes, partit le 7 septembre, avec deux barques fournies d'hommes et de provisions, " pour aller jusqu'à Hochelaga, afin de voir et comprendre la façon des

Saults d'eau qu'il y a à passer pour aller au Saguenay," laissant au vicomte de Beaupré le commandement de Charlesbourg-Royal.

Chemin faisant, il rendit visite à son vieil ami, le seigneur de Hochelay, qui lui avait fait don de la petite fille qui remplissait maintenant le rôle d'interprète. Il lui laissa deux jeunes Français pour qu'ils apprissent la langue du pays. Mais le présent, qui fut le plus apprécié du vieux chef, fut "un manteau de drap écarlate de Paris, lequel manteau était tout garni de boutons jaunes et blancs d'Etain et de petites clochettes, etc., de quoi le dit seigneur parût fort joyeux."

Aidés par un vent favorable, ils arrivèrent, le 1er jour du mois, au pied du premier saut, à deux lieues duquel se trouvait la ville de Tutonaguy. C'est un fait assez curieux, qu'après son départ de Charlesbourg-Royal, Cartier ne mentionne aucunement le nom de Hochelaga, et il n'y a rien, dans la relation qu'il a laissée de ce troisième voyage, qui donne à entendre qu'il avait déjà visité les sauts en question.

Cependant, la description qu'il en fait s'applique assez bien aux rapides de Lachine, et la ville de Tutonaguy pourrait bien n'être qu'un autre nom pour Hochelaga. Rien ne saurait caractériser plus clairement la nature éphémère de ces villages sauvages, que ce fait de la ville fortifiée d'Hochelaga changeant de nom dans l'espace de six ans.[67]

N'ayant pu réussir à remonter les rapides à force de rames, ils mirent pied à terre et suivirent un sentier battu qui condui-

---

NOTE 67.—Mons. Faillon nous dit, dans son *Histoire de la Colonie Française*, Vol.2, p. 16, que Montréal s'appelle aujourd'hui, en dialecte iroquois, *Tiotiaki*, mot dont la consonnance se rapproche assez de celle du nom de Tutonaguy, que l'on trouve dans Cartier.

sait, le long du fleuve, dans la direction du deuxième saut. Ils arrivèrent bientôt à un village sauvage, où ils furent bien reçus, et ayant fait connaître l'intention qu'ils avaient de pousser au delà des rapides, quatre jeunes gens s'offrirent pour les guider, et les conduisirent à un autre village, situé en face du deuxième saut. Ici, les sauvages leur apprirent que le troisième saut n'était pas bien éloigné. Après avoir obtenu ces renseignements que les naturels d'Hochelaga avaient déjà donnés à Cartier, quelques années auparavant, ils revinrent à leurs barques, auprès desquelles les sauvages s'étaient rassemblés, au nombre d'environ quatre cents. Ces derniers paraissaient bien disposés. " Mais," ajoute la chronique, avec beaucoup de raison, " il faut se garder de toutes ces belles cérémonies et joieusetées, car ils auraient fait de leur mieux pour nous tuer, *ainsi que nous l'avons appris par la suite.*"[68]

A leur retour, les Français s'arrêèrent à Hochelay, mais le chef était absent; il n'y avait qu'un de ses fils qui apprit à Cartier que son père était parti, depuis deux jours, pour aller à Maisouna.[69] Lorsqu'il arriva à Charlesbourg-Royal, Cartier put se convaincre que ce n'était qu'une ruse, car le seigneur d'Hochelay était descendu à Stadaconé, pendant leur absence, pour s'entendre avec Agona sur les moyens de se débarasser des Français. Le vicomte de Beaupré leur apprit que les sauvages ne venaient plus au fort y vendre leur poisson, comme d'habitude, et que la plus grande excitation régnait parmi eux. Rempli d'inquiétude à

NOTE 68.—Voir note 65, page 122.

NOTE 69.—Il est impossible de préciser en quel endroit était située la bourgade de Maisouna, mais de la manière dont il y est fait allusion, on peut soupçonner que la suite du récit, aujourd'hui perdue, aurait pu fournir de plus amples informations sur cette bourgade.

cette nouvelle, et voyant que le nombre des sauvages, dans son voisinage, augmentait tous les jours, (indice certain de quelque danger,) Cartier mit en ordre ses moyens de défense, qui étaient plus que suffisants pour résister à n'importe quelle attaque ses voisins pourraient tenter contre le fort, et—— —— ————

Ici, malheureusement, se termine tout-à-coup la relation contemporaine du troisième voyage de Cartier, et nous ne pouvons que conjecturer de quelle manière le capitaine et ses compagnons passèrent les longs mois de l'hiver suivant. Nous voyons, par le commencement de la narration du voyage de Roberval, que Cartier fut beaucoup molesté par les sauvages, et tout nous porte à croire, d'après certaines indications, répandues, de-ci de-là, dans le récit inachevé que nous avons suivi jusqu'ici, que l'hiver ne se passa point sans que les étrangers eussent à subir des attaques répétées de la part de leurs traîtres voisins. Il ne paraît pas, cependant, qu'il y ait eu du sang de répandu.[70] Il n'est pas, non plus, fait mention du scorbut, si ce n'est que, lorsqu'ils étaient occupés à examiner leur domaine du Cap-Rouge, ils remarquèrent "une espèce d'arbre qui s'étend à plus de trois brasses, qui est appelé par les gens du pays Hanneda,[71] lequel a la plus excellente vertu de tous les arbres du monde, *dont je ferai mention ci-après.*" C'est évidement le même arbre qui opéra

---

NOTE 70.—Thévet dont l'autorité est plus ou moins suspecte, rapporte qu'un des matelots de Cartier, ayant insulté un sauvage, celui-ci, dans un moment de colère précipita son agresseur au bas d'un cap et menaça de traiter de la même manière un Français qui était accouru au secours de son compagnon. – Ce procédé n'aurait pas été de nature à rendre plus agréables les rapports entre les gens du fort et les habitants de Stadaconé.

NOTE 71.—*Le Brief Recit* porte: *Ameda*. La version de Hakluyt, parlant du deuxième voyage, donne : *Ameda* ou *Hanneda*. Les autres versions manuscrites ont *Amedda*.

les merveilleuses guérisons sur les bords de la Saint-Charles; et les derniers mots de la citation que nous venons de donner, laissent croire que la partie aujourd'hui perdue de la relation doit rapporter les circonstances qui les obligèrent à se servir encore, avec succès, du même remède, pendant l'hiver qu'ils passèrent au Cap-Rouge.

Il nous faut, maintenant, revenir à Roberval que nous avons laissé à Saint-Malo, sur le point de se rendre à Honfleur, dans le but d'y appareiller un navire pour aller rejoindre Cartier. Par suite de délais impr vus, ce ne fut que le 16 avril 1542, qu'il partit de la Rochelle, avec "trois grands navires," portant deux cents personnes, tant hommes, que femmes, y compris plusieurs personnes de qualité. Tout sembla conspirer contre le succès de l'entreprise ; à peine eurent-ils quitté le port, que des vents contraires les rejetèrent sur les côtes de France ; après une nouvelle tentative, ils furent tellement retardés par des tempêtes sur l'océan, qu'ils n'arrivèrent à l'île de Terreneuve que le 7 juin. Le lendemain, lorsqu'ils entrèrent dans la baie de Saint-Jean, ils y trouvèrent dix-sept navires qui faisaient la pêche, dont quelques-uns devaient être montés par des Portugais, car Hakluyt dit que Roberval fut détenu en cet endroit pendant tout le mois de juin, par suite d'une querelle survenue entre ses gens et certains " Portugais."

Un bon matin, quelque temps après leur arrivée au havre de Saint-Jean, leur attention fut attirée par trois navires qui entraient à toutes voiles ; à la grande surprise de Roberval, c'était l'expédition de Cartier qui retournait en France. Jamais pris au dépourvu, Cartier rendit ses devoirs à son supérieur, puis l'informa qu'étant incapable de résister aux sauvages, avec si peu de monde à sa disposition, il avait dû hâter son départ. Il vanta les avantages du pays, disant merveilles de sa richesse et de sa fertilité ; puis il lui montra une espèce de 'diamants' et de 'la poudre d'or,' dont 'le Dimanche suivant on fit l'essai, et qui fut trouvée bonne.'

Satisfait du rapport favorable que Cartier faisait du pays, Roberval lui commanda de rebrousser chemin et de revenir avec lui au Canada. Mais ce dernier, fatigué de tous ces retards, s'esquiva secrètement pendant la nuit et fit voile pour la France. On peut expliquer de différentes manières la conduite de Cartier, si étrange qu'elle nous paraisse d'abord. En premier lieu, nous ne croyons pas qu'il ait eu une bien haute idée de la capacité de Roberval pour conduire une entreprise aussi importante. Les délais de toutes sortes, apportés par ce dernier, avaient été, tout d'abord, une cause d'insuccès, et Cartier ne se sentait pas disposé à jouer un rôle secondaire sous un homme aussi peu qualifié, dans une expédition dont la conduite exigeait une grande force de caractère et une volonté ferme, et où la moindre erreur de jugement pouvait avoir les conséquences les plus sérieuses. A part la raison du peu de compétence chez Roberval, nous pouvons comprendre la répugnance de Cartier à servir sous un autre, dans un pays où il avait si longtemps commandé en maître et dont l'existence n'avait été révélée au monde civilisé que par son courage et sa persévérance. Etait-ce là la récompense des fatigues et des privations qu'il avait endurées ? Ces considérations nous paraissent suffisantes pour expliquer la manière dont il agit envers Roberval. Ne voulant pas en venir à une rupture ouverte, il se décida en faveur du départ précipité dont nous venons de parler.

Nous avons, dans cette analyse, suivi la relation du voyage de Roberval que nous a laissée Hakluyt, le seul compte rendu de cette expédition qui nous soit parvenu ; et encore, ce n'est qu'un fragment. Nous n'ignorons point que certains écrivains favorisent des vues différentes de celles que nous venons d'exposer. Mons. DeCosta, entre autres, dans une étude sur Cartier, à laquelle nous avons plus d'une fois fait allusion dans le cours de cet essai, prétend que Roberval partit de Honfleur, le 22 août 1541—exactement trois mois après le départ de Cartier—et que les navires qu'il rencontra dans le havre de Saint-Jean étaient ceux de Jalobert et de Noël, que Cartier avait envoyés de Charlesbourg-Royal en France, le 2 septembre de cette même année. N'ayant pu mettre la main sur les autorités qu'il cite à l'appui de cette théorie, nous croyons devoir dire que nous n'avons point une confiance illimitée dans l'exactitude des données historiques de Mons. DeCosta. D'après lui, Cartier et Roberval ont dû passer ensemble, au Canada, l'hiver de 1541-42. D'un autre côté, Champlain dit que Roberval força Cartier à retourner au Canada avec lui, et qu'ils bâtirent un fort sur l'île d'Orléans tandis que Lescarbot prétend que Roberval et Cartier construisirent ce fort sur le Cap-Breton. Ces opinions ne sont, toutefois, que des suppositions gratuites, en contradiction flagrante avec la seule relation connue du voyage de Roberval, relation que Champlain et Lescarbot ignoraient probablement, mais dont l'authenticité est admise par Ferland et Faillon, en la compagnie desquels nous sommes satisfait de rester. Il est d'ailleurs suffisamment établi que Roberval était encore en France, au commencement de 1542. Dans ses "*Notes sur la Nouvelle France*," page 5, Harrisse dit expiicitement :—" Roberval était encore en France le 1 mars 1542, puisque à cette date il comparut devant le Parlement de Rouen afin de réclamer certains criminels qui devaient faire partie de son expédition."

Il est certain que Cartier était présent dans la cathédrale de Saint-Malo, le 21 octobre 1542, car il y tenait sur les fonts baptismaux Catherine, fille de René Moreau, Sieur de la Peraudière, et de Rose des Pallys. Ces deux avancés s'accordent parfaitement avec la version d'Hakluyt. Enfin, M. Joüon des Longrais, dans un travail sur Jacques Cartier, publié à Paris en 1888, affirme positivement que Roberval fit voile de la Rochelle, le 16 avril 1542.

CHAPITRE VI.

DERNIERS ACTES DE LA VIE DE JACQUES CARTIER.

Retour du troisième voyage.—Reddition des comptes devant une commission royale.—Preuves d'un quatrième voyage. Sa date probable.—Vie privée de Cartier.—Sa résidence à Saint-Malo.—Limoilou.—Cartier reçut-il des lettres de noblesse ?—Fondation d'un 'Obit.'—Mort de Jacques Cartier. —Son éloge.—Conclusion.

LE retour en France de Cartier s'accomplit sans éveiller l'attention publique. Pendant son absence, la guerre entre les monarques rivaux avait été déclarée pour la troisième fois, et François 1er, engagé dans un conflit acharné qui absorbait jusqu'aux dernières ressources du pays, ne put trouver un instant pour s'occuper de l'homme qui avait découvert, et ajouté à l'apanage royal, un pays aussi beau et bien plus vaste que celui pour lequel il prodiguait les ressources et le sang de son peuple.

La première fois que nous entendons parler de Cartier, après son retour, il est appelé à comparaître devant une commission nommée par le Roi pour régler les comptes du dernier voyage. La commission était composée de Robert Legoupil, " conseiller et lieutenant en l'admiraulté de France à la table de marbre de nostre palais à Rouan," et de quatre commissaires adjoints. Le 3 avril 1544, le Roi adressa une ordonnance à Robert Legoupil, lui enjoignant de faire comparaître devant lui, dans les huit jours suivant sa nomination comme auditeur des comptes, Roberval et Cartier ; ce qui prouve qu'ils étaient alors tous deux de retour. Le rapport de la commission, en date du 21 juin 1544, fixe le montant des dépenses de Cartier, pour le troisième voyage, à 39,988 livres, 4 chelins, 6 deniers. Ce document nous fournit la seule preuve que nous ayions du quatrième voyage de Cartier au Canada, quoiqu'il paraisse suffisant à lui seul pour établir que le voyage eut réellement lieu. Voici cette citation—Cartier ayant réclamé 4,500 livres (en surcroit paraît-il) pour *l'Hermine* et *L'Emérillon*, la relation ajoute :

" Et en ce qui est du tier navire mettrés pour dix sept mois qu'il a esté audict voiaige dudict Cartier, et pour huict mois qu'il a esté à retourner querir ledict Robertval audict Canada au péril de nauléaige[72] que les autres deux, se seront deux mil cinq cents livres, et, pour les autres deux qui furent audict voiaige, six mois à cent livres le mois, sont douze cents livres."

Le voyage de dix-sept mois, dont il est ici parlé, est sans doute le troisième, que Cartier entreprit le 23 mai 1541. La date de son retour nous est inconnue. Il partit de

NOTE 72.--Voir appendice J.

Terreneuve vers la fin de juin, et nous le voyons assister à un baptême à Saint-Malo, le 21 octobre suivant. Depuis le mois de mai de 1541 jusqu'au mois d'octobre de 1542, il y a précisement dix-sept mois. Comme il partit de Terreneuve vers la fin de juin, il dut rentrer en France bien avant le mois d'octobre, probablement vers le milieu ou la fin d'août. On peut supposer qu'en établissant ses comptes il donna, pour la durée de ses voyages, l'espace de temps compris entre l'engagement de ses équipages et leur congédiement. Dans ce cas, et admettant une longue traversée, comme celle qu'éprouva Roberval, par exemple, quelques semaines auparavant, il est possible qu'il ait considéré le troisième voyage comme ayant duré dix-sept mois.

Tout ce que nous connaissons du quatrième voyage, c'est qu'il fut entrepris pour ramener Roberval et qu'il dura huit mois. Ces maigres renseignements suffisent cependant à justifier l'appréciation que Cartier avait faite des aptitudes de Roberval à commander une entreprise aussi importante. Maintenant, quand le voyage eut-il lieu ? Cartier était présent à un baptême à Saint-Malo, le 25 mars 1543. Il comparut personnellement comme témoin, devant la Cour de cette ville, le 17 février 1544. On ne saurait donc accepter la supposition de M. Ferland que Cartier aurait entrepris son quatrième voyage dans l'automne de 1543, qu'il aurait hiverné au Canada et serait revenu en France, vers le commencement de mai de l'année suivante.

Nous voyons, dans Hakluyt, que Roberval partit du voisinage de Stadaconé pour Hochelaga, le 5 juin 1543. Il doit nécessairement avoir demeuré au Canada quelque temps après cette date. Roberval et Cartier comparurent ensemble devant les commissaires de Rouen, en juin 1544. Il n'y a point de preuve que Cartier se soit trouvé en France depuis mars 1543, jusqu'à février 1544 (à part une entrée bien peu claire, dans les registres de la Cour, portant la date du 3 juillet 1543, et où il fut très probablement représenté par un tiers.)

Nous croyons pouvoir émettre l'opinion qu'il entreprit son quatrième voyage vers le milieu d'avril 1543, et qu'il était de retour vers la fin de l'automne de la même année. Car, il est très probable qu'après avoir enduré des privations de toutes sortes, pendant deux hivers en Canada, Cartier devait être bien peu disposé à tenter un troisième hivernement.

Notre Découvreur paraît avoir passé les années qui suivirent son quatrième, et autant que nous sachions, son dernier voyage, tranquillement retiré à Saint-Malo. Sa maison de ville était située sur la *rue de Buhen*, entre le vieux manoir de ce nom et l'hôpital Saint-Thomas. Il avait une maison de campagne à Limoilou, petit village situé quelques milles à l'est-nord-est de Saint-Malo. Si l'on en juge par les gravures que nous avons vues, la construction, telle qu'elle existait encore en 1865, était d'apparence assez simple, et consistait en une maison de ferme avec dépendances et cour, le tout environné d'un grand mur de pierre. On arrivait au vieux manoir par deux portes assez rapprochées et de forme ancienne. Elles étaient connues dans le pays sous le nom de '*Portes Cartier.*' La grande porte d'entrée était ornée d'un écusson, travaillé dans la pierre et représentant les armes d'un bourgeois, c'est-à-dire, sans le heaume. La famille Cartier était en possession de ce domaine bien des années avant l'époque qui nous occupe. C'est ici que notre héros, loin des dissensions politiques et religieuses qui grondaient autour de lui, passa heureusement les dernières années de sa vie, dans la compagnie de sa femme. Hélas ! cette précieuse relique du passé n'a pas échappé aux attaques des vandales modernes.

On a prétendu que François Ier avait, sur les derniers temps de sa vie, reconnu les services éminents de son fidèle serviteur, en lui accordant des titres de noblesse. Nous serions heureux qu'il en fût ainsi, mais nous regrettons de ne pouvoir pas trouver de preuve suffisante pour établir que François Ier, ou Henri, son fils et son successeur, aient agi de la sorte. D'aprés l'abbé Faillon, le fait que le nom de Cartier paraît sur le registre des baptêmes, en date du 5 février 1550, avec le titre de "*Noble homme*,"[73] (lequel titre ne s'appliquait jamais, dit-il, qu'aux personnes d'un rang noble) doit être considéré comme une preuve suffisante de son élévation à cette dignité. Malheureusement, on voit que ce titre avait déjà été appliqué à Cartier, sur le même registre, dix ans auparavant, le 13 novembre 1540 ; et personne n'a jamais prétendu qu'il ait été anobli avant son départ pour le troisième voyage. De plus, son nom paraît plusieurs fois dans les archives civiles et religieuses de Saint-Malo, après le mois de février 1550,[74] mais il n'y est aucunement fait allusion à ses titres de noblesse. Enfin, *M. Joüon des Longrais* a découvert un document, en date du 9 mars 1557, dans

---

NOTE 73.— 5 Février, 1550.

"Le jeudy, cinquiesme jour de feubvrier, fut baptizé ung filz en l'église cathédrale de Saint-Malo, à Jacques Nouel et à Robine Hervé sa femme, par Dom Ollivier Lemarque substitut de vénérable et discrète personne Maistre Lancelot Buffier chanoine et vicaire-curé de la dicte église, et nommé fust par *noble homme Jacques Cartier*, Jacques, et petit compère Jehan Guéridien, pour commère Perrine Gaulthier. En présence de Étienne Nouel, Mery Rouxel et du soubsigné notaire, le dict jour et an. Signé : JACQUES CARTIER et F. TREHOUART."

NOTE 74—Par exemple, à la date du 2 août de la même année, on lit :

"Le sabmedy second jour d'aougst, an predict mil Vc cinquante, par venerable & discret Me. Lancelot Ruffier fut baptisé ung fils à Raoulet Grout & Jeanne Cheville sa femme ; & fut nommé Jacques *par honnestes gens Jacques Cartier*, principal compere, & Robin Pestel, petit cp., & Ollive Lambert cm., lesd. jour & an. G. Langevin."

lequel il est établi une distinction entre Cartier et certains "priseurs nobles," et où il est simplement appelé, "l'vn des priseurs de ceste ville."

Il est bien vrai que dans "*un acte du chapitre de Saint-Malo*," daté du 26 septembre 1549, il est qualifié *Sieur de Limoilou*, mais il n'était pas du tout nécessaire qu'il fut anobli, pour recevoir ce titre. Car, comme le dit Joüon des Longrais :—" Les plus petits propriétaires s'intitulaient sieurs ou seigneurs de leur terre, quand il leur plaisait, quoique l'usage en fût un peu moins général qu'à la fin du même siècle." L'acte, auquel il est fait allusion, mentionne la fondation d'un '*obit*,' dans la cathédrale de Saint-Malo, par le sieur de Limoilou et sa femme. '*L'obit*' établissait la célébration de trois messes de *requiem*, le 16 octobre de chaque année. Le capitaine malouin ne paraît pas avoir été favorisé des dons de la fortune, car pour constituer cet '*obit*,' dont le coût se montait à 4 livres, il lui fallut hypothéquer sa maison de ville.

Pendant les dernières années de sa vie, Cartier continua à faire acte de présence aux baptêmes et devant les tribunaux civils où ses connaissances variées et son expérience étaient fort appréciées.[75] Nous avons déjà fait allusion à la dernière fois que Cartier prit part à un baptême, qui eut lieu le 17 novembre 1555. Le 26 juin 1557, il parut en cour, pour la dernière fois, afin de corroborer de son témoignage la déposition d'un certain Jehan Daniel.

NOTE 75.—Le portrait de Jacques Cartier orne encore la salle du Conseil de ville de Saint-Malo. On ignore le nom de l'artiste qui en est l'auteur. En 1847, la Société littéraire et historique de Québec fit faire une copie de ce portrait par M. Amiel, artiste de Paris. Cette copie fut malheureusement détruite lors de l'incendie des bâtisses du Parlement, à Québec, en février 1854. Nous devons à la lithographie de nombreuses reproductions de cette peinture, et les traits énergiques du hardi navigateur sont familiers à tout le monde.

Nous voici maintenant arrivé au dénouement de la vie de notre héros, à sa mort qui eut lieu le 1er septembre 1557, dans le 66ème ou la 67ème année de son âge.[76] Catherine des Granches, son épouse, lui servécut près de dix-huit ans, et mourut au commencement de 1575. Comme nous l'avons déjà dit, ils n'eurent point de postérité. Parmi les descendants de Cartier, en ligne collatérale, nous pouvons mentionner Jacques Noël, petit-neveu du célèbre navigateur ; par des lettres très intéressantes, écrites en 1587,[77] on voit qu'il était au fait des exploits de son grand-oncle. Dans l'une d'elles, il prétend avoir visité le voisinage des Saults (rapides de Lachine,) et dans une autre, il parle de ses fils, Michel et Jean, qui, à la date où il écrivait, étaient en Canada.

Lorsque l'on étudie le caractère de Cartier, (si le peu de renseignements que nous possédons sur la vie du célèbre découvreur peuvent nous permettre d'employer un terme aussi général,) deux traits distinctifs nous frappent d'abord : sa profonde piété, son courage extraordinaire et son indomptable énergie. Dans cette esquise de sa vie aventureuse, nous avons eu plus d'une fois l'occasion d'attirer l'attention de nos lecteurs sur ces qualités distinctives. Quant à sa piété, on peut résumer nos remarques en disant que l'idée de Dieu l'accompagnait partout et gouvernait toutes ses

---

Note 76.—M. des Longrais dit avoir découvert dernièrement, à la marge d'un des registres de la cour de Saint-Malo, l'annotation suivante, sous la date du 1er septembre 1557.

" *Ce dict mercredy au matin environ cinq heures deceda Jacques Cartier.*"

M. des Longrais donne un fac-similé de cette entrée. Une épidémie qui sévissait alors à Saint-Malo pourrait porter à conjecturer que Cartier fut une des victimes du fléau.

Note 77.—Voir appendice L.

actions. Sincèrement attaché à l'Eglise catholique, il se montra soumis à ses commandements et dévoué aux intérêts du culte qu'elle prescrit. Sa vie toute exemplaire fut toujours conforme aux maximes de l'évangile. Maintenant, si l'on jette un coup d'œil d'ensemble sur ses voyages, il est difficile d'y trouver une seule infraction aux lois de la morale, sauf l'enlèvement des sauvages à Stadaconé, et les procédés quelque peu blâmables qui accompagnèrent cette mesure. Il est bien vrai qu'il fut, lui-même, son propre historien, mais son récit est tellement empreint de simplicité et d'honnêteté, que la vérité s'y manifeste à chaque page.

On ne saurait faire trop d'éloges du courage et de l'indomptable énergie de l'illustre Découvreur. Lorsque l'on considère avec quelles frêles embarcations on affrontait, à cette époque, les périls de l'océan, il faut admettre qu'un voyage au Nouveau-Monde était une entreprise presque surhumaine. Mais les quatre voyages que fit Cartier ne sont qu'une faible partie des actions d'éclat qui illustrent sa carrière. Au milieu de gens entassés les uns sur les autres dans son misérable petit vaisseau, ballotté par les vents et les flots, pendant de longs mois, à chaque traversée, il sut faire respecter son autorité par ces hommes, dont quelques-uns, s'il faut en juger par leur extraction, ne pouvaient être des compagnons bien désirables. Et c'est avec des gens de cette sorte, qu'il explora des régions sauvages que le pied de l'homme blanc n'avait encore jamais foulées, avec eux il pénétra, à des centaines de lieues, dans l'intérieur d'un continent inconnu, et là, entouré de peuplades sauvages, seul représentant du monde civilisé, au sein des vastes solitudes qui s'étendent du golfe du Mexique au pôle nord, suivi d'une poignée d'aventuriers, il résolut de passer un long hiver. Nous avons pu nous faire une faible idée des souffrances inénarrables qu'il lui fallut endurer pendant son triste séjour sur les rives de la Saint-Charles, nous avons vu aussi comment son indomptable énergie, loin d'être diminuée par les épreuves, lui fit embrasser généreusement la première occasion qui se présenta de renouveler une pareille tentative.

Nous connaissons bien peu sur choses sur Cartier, dans sa vie de famille. S'il est permis d'en juger par les quelques incidents déjà mentionnés, on peut conjecturer qu'un bonheur constant bénit son union avec Catherine des Granches, et qu'il ne lui manqua que d'avoir des enfants ; car nous sommes porté à croire que Cartier avait pour eux une prédilection spéciale. Il ne s'est presque point écoulé une année dans sa vie, qu'il n'en ait tenu quelques-uns sur les fonts baptismaux. Le troisième voyage de Cartier, entrepris à une époque plus favorable, aurait peut-être été le point de départ de la colonisation de la Nouvelle-France, et les annales de l'histoire du Canada compteraient cinquante années de plus. Mais la Providence en avait autrement décidé, et celui qui devait accomplir cette grande œuvre n'était pas encore né.

Avec François Ier, disparut tout espoir de l'établissement prochain de la Nouvelle-France. Son successeur, embarrassé par les affaires d'un pays aux prises, à l'extérieur, avec des ennemis étrangers, et déchiré à l'intérieur par les guerres de religion, ne put trouver le temps de s'occuper d'une entreprise qui ne promettait aucun profit immédiat. Les pêcheurs basques et bretons continuèrent à visiter les bancs de Terreneuve et la " Grande Baie," comme ils en avaient l'habitude depuis de longues années. De temps en temps, l'historien rencontre quelques faibles tentatives de la part d'aventuriers, désireux de suivre les traces de Cartier ; mais après sa mort, le nom du Canada cessa, pour quelque temps, de résonner aux oreilles du monde civilisé. En vain les naturels de Stadaconé tournaient-ils leurs regards inquiets vers le bas du fleuve ; aucuns d'eux, de cette génération, ne devaient plus revoir les hommes blancs mettre un pied profane sur leurs domaines. Non, pour le peau-rouge, le danger allait venir d'un autre côté ; de l'ouest lointain, des sources de l'Ottawa, s'avancerait bientôt l'ennemi qui préparait sa ruine. Et de même que l'Algonquin remplaça le Huron à Hochelaga et à Stadaconé, une nation puissante grandissait vers le sud, dont la férocité sans pareille devait laisser une trace de sang dans les annales huronnes eta lgonquines.

A part ces quelques tribus éparses, le Canada tout entier n'était qu'une vaste solitude, à travers laquelle le majestueux Saint-Laurent roulait en silence ses ondes limpides jusqu'à l'océan. Et pendant soixante années, rien n'avait interrompu ce silence, lorsque, sur nos rivages, retentit la grande voix de l'immortel Samuel de Champlain.

APPENDICE.

A.

Presque tous les comptes rendus des voyages de Cartier que nous avons examinés, s'accordent à dire que les deux navires, dont il se servit pour son premier voyage, étaient de soixante tonneaux chacun, et portaient un équipage de cent vingt-deux hommes en tout. Les historiens ont été induits en erreur par Hakluyt, qui dit :—" We departed from the Port of S. Malo with two ships of threescore tun apiece burden, and 61 well appointed men *in ech one.*"

Si l'on compare cette citation avec le texte tel qu'on le trouve dans les relations originales, on verra que Hakluyt a fait erreur ici. Voici ce que nous lisons dans l'édition de 1598 :— " Avec deux nauires de charge chacun d'environ soixante tonneaux, et armé de soixante-et-un homme." L'énumération pourrait être plus claire. Cependant, si l'on rapproche cette citation de la Relation Originale, il est évident que le chiffre de soixante-et-un hommes comprend les deux équipages. " Auecques lesdits deux nauires du port d'enuiron soixante tonneaulx *chaincun*, esquippez *les deux* de soixante ung homme." Ceci nous paraît bien conclusif ; mais ce témoignage est encore confirmé par un document authentique, en date du 28 mars 1533, auquel nous avons fait illusion dans le cours de cette étude, et qui contient ce qui suit :—"............... Jacques Cartier, capitaine et pilote pour le Roy, ayant charge de voiaiger et aller aux Terres Neuffves, passer le destroict de la baye des Chasteaulx avecques deux navires *équippez de soixante compaignons pour l'an présent, &c.*"

On peut maintenir, en toute sûreté, que Cartier n'était accompagné, dans son premier voyage, que de 60 hommes. D'ailleurs, il semble bien étrange, à la lecture du récit d'Hakluyt, de voir que Cartier avait plus de monde avec lui, lors de son premier voyage que dans son second. C'est un fait bien établi que la proportion entre le tonnage des navires et le chiffre des équipages est la même pour les deux voyages : pour le premier, 120 tonneaux et 61 hommes ; pour le deuxième, 220 tonneaux et 110 hommes.

B.

Il n'y a pas moins de cinq relations différentes du premier voyage de Cartier.

1. La version italienne de Ramusio : "*Prima relatione di Iacques Carthier della terra nuoua detta la nuoua Francia.*" Vol. III. de sa Collection de voyages, publiée d'abord à Venise, en 1556, puis réimprimée en 1565, 1606 et 1613.

2. "*Discours ‖ du ‖ voyage fait par le capi-‖taine Iaqves Cartier ‖ aux Terres-neufues de Canadas, No-‖rembe gue, Hochelage, Labrador, & pays adiacens, dite nouuelle France,‖ auec particulieres moeurs, langage et ‖ ceremonies des habitans d'icelle‖. —A Roven, de l'imprimerie ‖ de Raphaël du Petit Val, Libraire et Imprimeur du Roy, à l'Ange Raphaël.‖ M. D. XCVIII. Avec Permission.*"

Reimprimée en 1843 par la Société littéraire et historique de Québec, et en 1865, par M. H. Michelant. Cette version, comme il est dit dans la préface, est la traduction d'un "*escrit en langue estrangere.*"

3. "*A short and ‖ briefe narration of the two ‖ Navigations and Discoueries ‖ to the Northweast partes called ‖ Newe Fraunce : ‖ First translated out of French into Italian by that famous ‖ learned man Gio: Bapt: Ramutius, and now turned‖ into English by John Florio : worthy the rea-‖ding of all Venturers, Trauellers and Discouuerers.‖—*

"*Imprinted at Lon‖don, by H. Bynneman dwelling ‖ in Thames Streate, neere vnto ‖ Baynardes Castell. ‖ Anno Domini* 1580."

4. "*Certaine voyages containing the Discouerie of the Gulfe of Sainct Laurence to the West of Newfoundland, and from thence vp the riuer of Canada, to Hochelaga, Saguenay, and other places : with a description of the temperature of the climate, the disposition of the people, the nature, commodities, and riches of the soile, and other matters of speciall moment : collected by Richard Hakluyt Preacher, and sometimes student of Christ-Church in Oxford.*" Imprimé à Londres en 1600.

5. "*Voyage de Jacques Cartier,*" 1544.

En 1867, M. M. Michelant et Ramé découvrirent ce manuscrit à la Bibliothèque Impériale de Paris, et malgré la date erronée de 1544, il se trouva être la relation originale du premier voyage. Ce précieux document fut publié à Paris, l'année même de sa découverte, par M. M. Michelant et Ramé. Ces cinq relations s'accordent, quant à la substance du récit ; il y a même une ressemblance frappante entre la première, la seconde et la quatrième, malgré quelques variantes, ici et là, qui ont paru suffisamment importantes à M. Michelant (qui a consacré beaucoup de travail à élucider cette question) pour le confirmer dans l'opinion que les versions italienne, anglaise et française proviennent de sources différentes. La cinquième diffère plus souvent des précédentes que de ces dernières ne diffèrent entre-elles ; et lorsqu'il s'agit des distances, etc., sur lesquelles le lecteur peut se renseigner par lui-même, la *Relation Originale* est généralement la plus exacte. Pour cette raison, nous lui donnons la préférence, lorsqu'il y a divergence entre les autres versions. Nous n'avons pas eu l'avantage de consulter la troisième (celle de Florio) qui est, de l'aveu de l'auteur, une traduction de Ramusio, et ne saurait, comme le prétend M. Michelant, être identique avec celle dont se servit Hakluyt, ainsi qu'on serait naturellement porté à le croire.

C.

Dans son " Dictionnaire du Commerce," imprimé à Londres en 1600, Louis Roberts dit que Brest était la principale ville de la Nouvelle-France ; que le Gouverneur, l'aumônier et les autres employés publics y avaient leur résidence ; que les Français en exportaient de grandes quantités de morues (baccalao), d'huile de baleine, et de fourrures précieuses. Voir le travail de M. Robertson, sur la côte du Labrador, dans les comptes rendus de la Société littéraire et historique de Québec, pour l'année 1843.

Malheureusement, ce vieux dictionnaire de Roberts ne se trouve pas en Canada ; nous n'avons pas même pu nous le procurer à Boston. Après avoir cité Roberts, M. Robertson ajoute:—" On ne saurait douter de la véracité de ce qu'avance Roberts, comme on peut s'en convaincre par les ruines des édifices qui paraissent avoir été construits généralement en bois. J'estime que l'enceinte de la ville devait contenir environ 200 maisons, sans compter les magasins, etc., et une population d'environ mille habitants, pendant l'hiver, laquelle devait être trois fois plus nombreuse pendant la saison d'été."

Mais la période dont il parle est postérieure à celle des voyages de Cartier. Un peu plus loin, M. Robertson commet une erreur au sujet de Brest, qu'il confond avec Bradore—*les Islettes* de Cartier.

L'île aux Basques est sous la lat. 48° 9′ et la long. 69° 15′.

L'île à l'Echafaud, telle que décrite sur les cartes marines de Bayfield, n'est qu'un rocher, au large du chemin des Basques (Basque Roads.) Le cap du Chafaut aux Basques se trouve vis-à-vis, sur la terre ferme, et à environ deux lieues de Tadoussac, S. E. ¼ S. de la "pointe aux Alouettes" ou de Saint-Mathieu (le promontoire à l'ouest de l'entrée du Saguenay. Emery de Caen y jeta l'ancre en 1629. *Champlain, pp.* 1096-7, 1245.

D.

Voici le texte de la commission autorisant Cartier à faire son deuxième voyage.

PHELIPPES CHABOT,—

chevalier de l'ordre, compte de Buzançoys et de Charny, baron d'Aspremont, de Paigny et de Mirebeau, seigneur de Beaumont et de Fontaine franczose admiral de France, Bretaigne et Guyenne, gouverneur et lieutenant général pour le roy en Bourgongne, aussi lieutenant général pour monseigneur le daulphin ou gouvernement de Normandie, au cappitaine et pillote maistre Jaques Cartier de Sainct Mâlo—salut. Nous vous avons commis et depputé, commettons et deputons du voulloir et commandement du roy pour conduire, mener et emploier troys navyres équippées et advitaillées chacune pour quinze moys au parachevement de la navigation des terres par vous jà commencées à descouvrir oultre les terres neufves, et en icelluy voaige essayer de faire et acomplir ce qu'il a plu audit seigneur vous commander et ordonner, pour l'equippaige duquel vous achapterez ou freterez à tel pris raisonnable que adviserez au dire de gens de bien à ce congnoissans, et sellon que verrez et congnoistrez estre bon pour le bien de ladite navigation, lesdites troys navires prandrez et louerez le nombre des pillotes, maistres, et compaignons marynyers telz qu'il vous semblera estre requis et nécessaire pour lacomplissement d'icelle navigation. desquelles choses faire equipper, dresser et mettre sus, vous avons donné et donnons povoir, commission et mandement espicial, avec la totale charge et superintendence d'iceulx navires, voaige et navigation, tant à laller que retourner. Mandons et commandons à tous lesdits pillottes, maistres et compagnons mariniers et aultres qui seront esdits navires vous obeyer et suyvre pour le service du roy en ce que dessur, comme ilz feroint à nous mesmes, sans aucune contradition ne reffuz, et ce sur les peines en tel cas acoustumés à ceulx qui se trouveront desobeïssans et faisans le contraire. Donné soubz noz seing et scel d'armes, le pénultieme jour d'octobre l'an mil cinq centz trante quatre. Ainsi signé Phelippes Chabot, et saellé en plat quart de cire rouge (in the margin)—"Collationné avecq loriginal."

E.

Voici le rôle de l'équipage de Cartier, lors de son second voyage, rôle dont il est parlé à la page 59.

Nous avons adopté l'ortographe des noms, telle que donnée par *M. Joüon des Longrais*, dans son livre intitulé : " Jacques Cartier, Documents nouveaux," Paris, 1888. Les noms en italiques sont copiés d'après les "Documents inédits sur Jacques Cartier," publiés par M. Alfred Ramé, en 1865. Comme on le verra, il y a quelques variantes entre les listes, malgré qu'elles soient supposées avoir été, toutes deux, copiées sur l'original.

Le mercredy dernier jour de mars apres Pasques mil Vcc XXXV à l'abaye Sainct Jehan........

Et a celluy Poulet aparu le rolle & numbre des compaignons que led. Cartier a prins pour lad. navigation ; & a esté mis entre mes mains pour incerer cy dessous, & a celluy Poulet protesté de en dymyer du numbre de XXV à trente & d'en prendre d'aultres à son chouaix.

L'incertion desd. maistres, compaignons, mariniers & pillotes s'ensuyvent—

1. Jacques Cartier, cappitaine.
2. Thomas Fourmont, maistre de la nef.
   (Ce nom s'écrit indifféremment Fourmont, Frosmond et Fromont. Le *Brief Récit* donne Frosmond. Thomas Fourmont, dit de La Bouille, fut un des rares compagnons du deuxième voyage, qui suivirent encore le capitaine en 1541 ; il ne devait jamais revenir de cette expédition. Voir note, p. 123
3. Guillaume le Breton Bastille, capitaine et pilote du galion.
4. Jacques Maingard, maistre du galion.
5. Macé Jalobert, capitaine et pilote du Corlieu.
   Marc. (Il était le beau-frère de Cartier, ayant marié Alison des Granches, sœur de Catherine.)
6. Guillaume le Marié, maistre du Courlieu.
7. Laurent Boulain.
   Laurens.
8. Estienne Nouel.
9. Pierre Esmery *dict* Talbot.
   Pierres.
10. Michel Hervé.
11. Estienne Pommerel.
    Princevel.
12. Michel Audiepvre.

13. Briend Sauboscq.
Bertrand Sambost.
14. Richard Cobaz.
Richard Le Bay.
15. Lucas Saumur.
Lucas Fammys.
16. François Guitault, apoticaire.
17. Georget Mabille.
18. Guillaume Sequart, charpentier.
19. Robin le Tort.
20. Sanson Ripault, barbier.
Samson.
21. François Guillot.
22. Guillaume Esnault, charpentier.
23. Jehan Dabin, charpentier.
24. Jehan du Nort, charpentier.
Jehan Duvert.
25. Julien Golet.
26. Thomas Boulain.
27. Michel Philipot.
Phelipot.
28. Jehan Hamel.
29. Jehan Fleury.
30. Guillaume Guilbert.
31. Colas Barbé.
Barbe.
32. Lorans Gaillot.
Laurens.
33. Guillaume Bochier.
34. Michel Eon.
35. Jehan Anthoine.
36. Michel Maingard.
37. Jehan Maryen.
38. Bertrand Apvril.
39. Gilles Ruffin.
Gilles Stuffin.
40. Geoffroy Olivier.
Ollivier.
41. Guillaume de Guernezé
42. Eustache Grossin.
43. Guillaume Alliecte.

Allierte.

44. JEHAN DAVY.

Ravy.

45. PIERRE MARQUIER, trompecte.

Pierres.

46. GUILLAUME LE GENTILHOMME.
47. RAOULLET MAINGARD.
48. FRANÇOIS DUAULT.
49. HERVÉ HENRY.
50. YVON LE GAL.
51. ANTHOINE ALIECTE.

Alierte.

52. JEHAN COLAS.
53. JACQUES PRINSAULT.

Poinsault.

54. DOM GUILLAUME LE BRETON.
55. DOM ANTHOINE.

(La bibliothèque du Parlement, à Ottawa, possède un fac-similé de la liste de l'équipage de Cartier, avec la note suivante, au bas de la 1ère page : " *Liste revue avec soin sur le Fac-simile, par C. H. Laverdière, ptre, Bibliothécaire de l'Univ. de Laval*, 22 Novemb. 1859."

Vis-à-vis de chaque nom, à la marge, se trouve son épellation moderne, laquelle diffère bien peu des deux versions que nous donnons ici. Dans l'espace compris entre les noms de " *Dom Guillaume Le Breton* " et de " *Philippe Thomas, Charpentier*," l'on remarque certains caractères, ayant quelque peu l'apparence de la particule qui précède le premier de ces deux noms et que les paléographes rendent par la préfixe " *Dom*," suivis par une espace vide. Au bas de la page se trouve la note suivante :

" *Ce nom, omis dans l'original, a été suppléé par Mr. Cunat dans la liste qu'il a publiée à St. Malo le* 4 *Décembre* 1858.")

56. PHILIPPE THOMAS, charpentier.

Philipes.

57. JACQUES DU BOYS.

Duboy.

58. JULLIEN PLANCOUET.

Plantirnet.

59. JEHAN GO.

60. JEHAN LE GENTILHOMME.
61. MICHEL DONQUAN, charpentier
Douquais.
62. JEHAN AISMERY, charpentier.
63. PERROT MAINGARD.
Pierre Maingart.
64. LUCAS CLAVIER.
65. GOULHET RIOU.
Goulset Riou.
66. JEHAN JAC, DE MORBIHEN.
Jehan Jacques Morbihen.
67. PIERRE NYEL.
Pierres.
68. LE GENDRE ESTIENNE LE BLANC.
69. JEHAN PIERRES.
70. JEHAN COUMYN.
71. ANTHOINE DES GRANCHES.
72. LOUYS DOUAYREN.
Douayrer.
73. PIERRES COUPEAUX.
Coupeaulx.
74. PIERRE JONCHÉE.
Pierres.

F.

Tous les historiens paraissent s'accorder sur ce point ; Champlain, Sagard, Lescarbot, admettent que Cartier hiverna à l'embouchure de la rivière Saint-Charles. Voici ce que nous lisons dans Champlain, *édition de* 1613, *reproduite par Laverdière, p.* 156—" Ie tiens que dans ceste riuiere qui est au Nort & vn quart du Norouest de nostre habitation, ce fut le lieu où Iaques Quartier yuerna, d'autant qu'il y a encores à vne lieue dans la riuiere des vestiges comme d'vne cheminée, dont on a trouué le fondement, & apparence d'y auoir eu des fossez autour de leur logement, qui estoit petit. Nous trouuasmes aussi de grandes pieces de bois escarrées, vermoulues, & quelques 3 ou 4 balles de canon. Toutes ces choses monstrent euidemment que c'a esté vne habitation, laquelle a esté fondée par des Chrestiens" &c.

Plus tard, parlant de la rivière Saint-Charles, il dit :—

" Vne petite riuiere qui asseche presque de basse mer, qu'il

(Cartier) nomma Saincte Croix, pour y estre arriué le iour de l'Exaltation de Saincte Croix : lieu qui s'appelle maintenant la riuiere Sainct Charles, sur laquelle à present sont logez les Peres Recollets, & les Peres Iesuites, pour y faire vn Seminaire à instruire la ieunesse."—*Champlain*, 1632, *ed. Laverd, p.* 13.

A la page suivante, il ajoute—

"Cartier.....qu'il fut contraint d'hyuerner en la riuiere Saincte Croix, en vn endroit où maintenant les Peres Iesuites ont leur demeure, sur le bord d'vne autre petite riuiere qui se descharge dans celle de Saincte Croix, appellée la riuiere de Iacques Cartier, comme ses relations font foy."

Sagard rapporte que les Récollets aidèrent aux Jésuites à construire leur habitation "en un lieu que l'on appelle communément le fort de Jacques Cartier." (*Histoire du Canada*, vol. 3, p. 788.)

On se demande comment Charlevoix, qui devait avoir eu connaissance de la Relation des voyages de Cartier, a pu prétendre que ce dernier choisit ses quartiers d'hiver à l'embouchure de la rivière Jacques-Cartier, vingt-cinq milles audessus de Québec. Il est évidemment dans l'erreur sur ce point.

La petite rivière Lairet, et le ruisseau Saint-Michel, environ deux cents verges plus haut, se déchargent dans la rivière Saint-Charles, presque vis-à-vis la Pointe aux-Lièvres. A marée basse, ils ont environ 7 pieds de large à leur embouchure, mais comme la marée atteint quelque fois de douze à quinze pieds de hauteur, dans la Saint-Charles, un navire, du tonnage de la *Grande Hermine*, pouvait facilement entrer dans l'un ou l'autre ruisseau, à haute marée. Ainsi que nous l'avons dit ailleurs, nous croyons que Cartier choisit l'embouchure de la rivière Lairet pour y passer l'hiver de 1535-36. Quant au ruisseau Saint-Michel, nous en parlons, parceque dans son "*Picturesque Québec*," p. 484, M. LeMoine prétend qu'on y a découvert les débris d'un navire qu'on croit être la *Petite Hermine*, et dont certaines parties furent, pour cette raison, présentées à la ville de Saint-Malo, où elles sont maintenant.

Du temps de Champlain, le Lairet portait le nom de rivière de Jacques-Cartier, mais cette désignation n'était point la seule en usage, car dans la concession faite par le duc de Ventadour, vice-roi de la Nouvelle-France, aux Pères de la Compagnie de Jésus, à la date du 10 mars 1626, il en est fait mention sous le nom de "la petite rivière dite communément Lairet." * (*Vide*,

* NOTE.—L'auteur doit à M. N. E. Dionne, M.D., de Québec, ce renseignement qu'il a pu vérifier à la bibliothèque du Parlement, à Ottawa. Lorsqu'il écrivit l'essai qu'il publie aujourd'hui, l'auteur était sous l'impression que le titre de concession de ce terrain, en date du 12 mai 1678, où il est fait mention de "*la petite*

Pièces et Documents relatifs à la Tenure Seigneuriale, imprimés par l'ordre de la Législature, en 1851, vol. 1, p. 53.)

Les sauvages désignaient la rivière Saint-Charles sous le nom de *Cabir-Coubat*, à cause de son cours sinueux. Les Récollets lui donnèrent le nom qu'elle a gardé jusqu'à aujourd'hui, en l'honneur de Charles des Boues, grand-vicaire de Pontoise, qui fut le protecteur de la première mission que ces religieux établirent en Canada. L'île d'Orléans avait reçu des sauvages le nom de Minigo ; tandis que la capitale du royaume de Donnacona s'appelait Stadaconé, (ce qui veut dire "une aile," en langue algonquine), parceque la pointe de terre, comprise entre le grand fleuve et la rivière Saint-Charles, sur laquelle la bourgade était bâtie, avait la forme d'une aile d'oiseau au vol. Voir Ferland, *Cours d'Histoire du Canada*, vol. 1, p. 27.

G.

M. D'Avezac a ajouté, à sa reproduction du *Brief Récit*, deux chapitres que l'on ne rencontre point dans l'édition originale de 1545, autant que nous avons pu nous en assurer. Ils ne se trouvent certainement, ni dans Ramusio, ni dans Hakluyt. Cependant Lescarbot les donne dans sa relation des voyages de Cartier et la Société littéraire et historique de Québec les a aussi publiés, dans son édition de 1843. Quoiqu'il les ait placés à la fin de son ouvrage, M. D'Avezac ne les regarde pas moins comme authentiques. Il ne nous semble donc pas hors de propos d'en donner ici un court résumé, tout en faisant observer qu'ils ne contredisent en rien le *Brief Récit*.

Le premier chapitre nous apprend que pendant le mois qui suivit le retour de Cartier de sa visite à Hochelaga, les sauvages de Stadaconé vinrent régulièrement aux navires échanger leur poisson contre des couteaux, des chapelets, et autres objets de même nature. Tout allait bien, lorsque Taignoagny et Domagaya—"les deux meschans"—comme ils sont appelés, réussirent à faire croire à leurs compagnons que les Français prenaient trop d'avantage sur eux dans ce commerce, et qu'au lieu de jouets insignifiants, ils devaient demander des haches et d'autres articles de plus grande valeur.

Sur ces entrefaites, Cartier fut averti, par "un seigneur de la ville de Hagonchenda," qu'il se tramait quelque complot contre lui : il s'agissait d'enlever les trois enfants que Donnacona avait donnés en présent au capitaine. Les sauvages ne réussirent qu'à faire échapper la plus âgée des jeunes filles.

---

rivière de Lauret," donnait pour la première fois, à cette rivière, le nom qu'elle porte aujourd'hui, mais les recherches du Dr. Dionne montrent que cinquante-deux ans auparavant, elle était déjà *communément appelée le Lairet*.

Le résultat de cette tentative fut que les communications furent, pour quelque temps, suspendues entre le fort et Stadaconé.

Le second chapitre commence par dire que les sauvages eurent bientôt chagrin de ce qu'ils avaient fait. Le 4 novembre, Domagaya, accompagné de quelques-uns de ses gens' vint faire visite aux navires, et annonça au capitaine que Donnacona était parti à la recherche de la jeune demoiselle. Il ajouta, en outre, que Taignoagny était bien malade et qu'il priat le capitaine de lui envoyer un peu de sel et de pain. Avec sa bonté habituelle, Cartier accorda ce qu'il demandait et lui fit dire' en même temps, que c'était ' Jésus qui estoit marri contre lui pour les mauvais tours qu'il avoit cuydé jouer,' et qu'il devait considérer sa maladie comme un effet de la colère divine. Cette remontrance ne tarda point à produire son effet, car quelques jours après, la jeune fille fut ramenée aux navires, les sauvages donnant pour explication, qu'elle s'était sauvée parcequ'un des ' paiges ' l'avait maltraitée. La réconciliation fut bientôt faite et, pour la sceller, Cartier fit servir du pain et du vin aux envoyés de Donnacona. La paix étant ainsi rétablie, les Français et les sauvages vécurent ensemble " en aussi grand amour que pardevant."

H.

AV ROY.

Treschrestien.

CONSIDERANT, *O mon tres redoubté prince, les grãdz bien & don de grace qu'il a pleu à Dieu le Createur faire à ses creatures : Et entre les autres de mettre & asseoir le soleil, qui est la vie & congnoissãce de toutes icelles, & sans lequel nul ne peult fructifier ni generer en lieu & place la ou il a son mouuement, & declination contraire, & non semblable es autres planettes. Par lesquelz mouuemẽt & declinaison, toutes creatures estãs sur la terre en quelque lieu & place qu'elles puissent estre, en ont, ou en peuuent auoir en lan dudict soleil, qui est* 365 *iours et six heures. Autant de veue oculaire les vngs que les autres, non qu'il soit tant chault & ardant es vngs lieux, que es autres par ses raiz & reuerberations, ny la diuision des iours & nuictz en pareille esgalleté : Mais suffit qu'il ayt de telle sorte & tant temperemẽt que toute la terre est ou peult estre habitee en quelque zone, climat, ou paralelle que ce soit : Et icelles auecques les eaues, arbres, herbes, & toutes autres creatures de quelques genres ou especes qu'elles soient par l'influence d'iceluy soleil, donner fruictz & generations selon leur nature par la vie & nourriture des creatures humaines.* **Et si** *aucuns vouloient dire le cōtraire de ce que dessus, en alleguant ledict des saiges philosophes du temps passé, qui ont escript & faict diuision de la terre par cinq zones, dont ilz dient & afferment trois inhabitées. C'est assauoir la zone torride, qui est entre les deux tropiques ou solstices, qui passe par le zenic des testes des habitans d'icelle : Et les deux zones artique & entartique pour la grand froideur qui est en icelle, à cause du peu d'esleuation qu'ilz ont dudict soleil & autres raisons : le confesse qu'ilz ont escript de la maniere, & croy fermemēt qu'ilz le pensent ainsi. & qu'ilz le treuuent par aucunes raisons naturelles, ou ilz prenoient leur fondement, & d'icelluy se contentoient seulemēt sans aueuturer n'y mectre leurs personnes es dangiers, esquelz ilz eussent peu ancheoir à cercher l'experience de leur dire. Mais ie dictz pour ma replique que le prince d'iceulz philosophes a laissé parmy ses escriptures vng mot de grande cōsequence, qui dict que,* Experiētia est rerum magistra ; *par l'enseignemēt duquel i'ay osé entreprendre de adresser à la veue de vostre magesté royalle. cestuy propos en maniere de prologue, de ce myen petit labeur : Car suyuant vostre royal commandement. Les simples mariniers de present non ayans eu tant de craincte d'eulz mectre à l'aduanture d'iceulx perilz & dangiers qu'ilz ont eu, & ont desir de vous faire treshumble seruice à l'augmentation de la saincte foy chrestienne, ont congneu le contraire d'icelle opinion des philosophes par vraye experience.*

Ie allegue ce que deuant, parce que ie regarde que le soleil qui chascun iour se lieue à l'orient, & se reconce à l'occident faict le tour & circuit de la terre, donnant lumiere & chaleur à tout le monde en vingt quatre heures, qui est vng iour naturel. sans aucune interruption de son mouuement & cours naturel. A l'exemple duquel ie pense à mon foible entendement, & sans autre raison y alleguer, qu'il plaist à Dieu par sa diuine bonté que toutes humaines creatures estans & habitans soubz le globe de la terre, ainsy qu'elles ont veue, & congnoissance d'icelluy soleil ayt & ayent pour la temps aduenir congnoissance & creance de nostre saincte foy : Car premierement icelle nostre saincte foy a esté semee & plantee à la terre saincte, qui est en Asye à l'orient de nostre Europe : Et depuis par succession de temps apportee & diuulguee iusques à nous, & finalement à l'occident de nostredicte Europe à l'exemple du dict soleil portant sa chaleur & clarté d'orient en occident comme dict est. Et pareillement aussy auons veu icelle nostre saincte foy, par plusieurs fois à l'occasion des meschās heretiques & faulz legislateurs. eclipses en aucuns lieux : & depuis soubdainemēt reluyre & monster sa clerté plus appertement que auparauant. Et maintenant encores à present voyons comme les meschans lutheriens apostatz & imitateurs de Mahomet, de iour en autre s'efforcent de icelle opprimer, & finablement du tout estaindre, si Dieu & les vrays suppostz d'icelle n'y donnent ordre par mortelle iustice; ainsy qu'on veoit faire chascun iour en voz pays & royaulme, par le bon ordre & police quey auez mys. Pareillement aussi veoit on, comme au contraire d'iceulx enfans de Sathan, les paoures chrestiens, & vrays pilliers de l'Esglise catholique s'efforcent d'icelle augmenter & accroistre, ainsi que a faict le catholique Roy d'Espaigne, es terres qui par son cōmādemēt ont esté descouuertes en l'occidēt de ses pais & royaulmes. lesquelles auparauant nous estoient incognues, estranges, & hors de nostre foy: Comme la neufue Espaigne, Lisabelle, terre ferme, & autres ysles ou on a trouué innumerable peuple, qui a esté baptisé & reduict en nostre tressaincte foy.

Et mainteuant en la presente nauigation faicte par vostre royal commandement en la descouuerture des terres occidentales, estans soubz les climats & paralelle de voz pays & royaulme, non auparauant à vous n'y à nous congneuz, pourrez veoir & scauoir la bonté & fertilité d'icelles. innumerable quantité des peuples y habitans. la bonté & paisibleté d'iceulx, Et pareillement la fecondité du grāt fleuue que descend & arrose le permy d'icelles vos terres, qui est le plus grāt sans comparaison que on sache iamais auoir veu. Les quelles choses donnent à ceulx qui les ont veues, certaine esperance de l'augmentation future de nostre dicte saincte foy & de voz seigneuries & nom tres chrestien, ainsi qu'il vous plaira veoir par cestuy present petit liure: Auquel sont amplemēt contenues toutes choses dignes de memoire, que auons veues, & qui nous sont aduenues tant en faisant ladicte nauigation, que estans & faisans seiour en vosdictz pays & terres.

I.

Voici le texte même des Lettres Patentes émanées en faveur de Jacques Cartier, à l'occasion de son troisième voyage.

FRANÇOIS par la grâce de Dieu Roy de France, et (à?) touz ceux qui ces présentes lettres verront, salut. Comme pour le désir d'entendre et avoir congnoissance de plusieurs pays que on dict inhabitez, et aultres estre pocedez par gens sauvaiges vivans sans congnoissance de Dieu et sans usaige de raison, eussions des piecza à grandz fraiz et mises envoyé descouvrir esdits pays par plusieurs bons pillottes et aultres noz subjectz de bon entendement, sçavoir et expérience, qui d'iceux pays nous aurioent amené divers hommes que nous avons par long (temps) tenuz en nostre royaume les faisans instruire en l'amour et crainte de Dieu, et de sa saincte loy et doctrine chrestienne, en intention de les faire revenir esdicts pays en compaignie de bon nombre de noz subjectz de bonne volonté, affin de plus facillement induire les autres peuples d'iceux pays à croire en nostre saincte foy, Et entre autres y eussions envoyé nostre cher et bien amé Jacques Cartier, lequel auroict descouvert grand pays des terres de Canada et Ochelaga, faisant un bout de l'Azie du costé de l'Occident, lesquelz pays il a trouvez, ainsi qu'il nous a rapporté, garniz de plusieurs bonnes commodittez, et les peuples d'iceux bien formez de corps et de membres et bien disposez d'esprit et entendement, desquelz il nous a semblement amené aucun nombre que nous avons par long temps faict vivre et instruire en nostre saincte foy, avecq nosdictz subjectz, en considération de quoy et vu leur bonne inclination, nous avons advisé et délibéré de renvoiër ledict Cartier esdictz pays de Canada et Ochelaga et jusqu'en la terre de Saguenay, s'il peult y aborder avec bon nombre de navires et de nosdictz subjectz de bonne volonté et de touttes qualitez, artz et industrie pour plus avant entrer esdictz pays, converser avec lesdictz peuples d'iceux et avecq eux habiter si besoin est, affin de mieux parvenir à nostre dite intention, et à faire chose aggréable à Dieu nostre créateur et rédempteur et qui soict à l'augmentation de son saint et sacré nom et de nostre mère sainte église catholicque, de laquelle nous sommes dictz et nommez le premier fils, Pourquoi, soict besoing pour meilleur ordre et expédition de ladicte entreprise députer et establir un capitaine général et maistre pillotte des dictz navires, qui ait regard à la conduitte d'iceux et sur les gens officiers et soldatz y ordonnez et establiz, sçavoir faisons, que Nous à plain confians de la personne dudict Jacques Cartier, et de ses sens, suffizance, loyaulté, preudhomie, hardiesse, grande dilligence et bonne expérience, icely pour ces causes et aultres, a ce nous mouvans, avons faict et constitué, ordonné et estably, faisons, constituons, ordonnons, et establissons par ces présantes Capitaine général et maistre pillotte de tous les navires et autres vaisseaux de mer par nous ordonnez estre menez pour ladicte entreprise et expédition, pour ledict estat et charge de capitaine général et maistre pillotte d'iceux navires et vaisseaux avoir, tenir, et esercer par ledict Jacques Cartier aux honneurs, prérogatives, preéminances, franchises, libertez, gaiges et biens faictz tels que par nous luy seront pour ce ordonnez, tant qu'il nous plaira, et luy avons donné et donnons puissance et auctorité de mettre, establir et instituer ausdcitz navires telz lieutenantz, patrons, pillottes et autres ministres nécessaires pour le faict et conduicte d'iceux, et en tel nombre qu'il verra et congnoistra estre besoing et nécessaire pour le bien de ladicte expédition. Si donnons en mandement par cesdictes présentes à nostre admiral ou visadmiral que pris et receu dudict Jacques Cartier le serment pour ce deu et accoustumé, iceluy mettent et instituent ou facent mettre et instituer de par nous en possession et saisine dudict estat de capitaine général et maistre pillotte et d'iceluy ensemble des honneurs, prérogatives, prééminances, franchises, libertez, gaiges et bienfaictz telz que par nous luy seront pour ce ordonnez, le facent, souffrent et laissent jouir et user plainement et paisiblement et à luy obeyr et entendre de tous, et ainsi qu'il appartiendra es choses touchant et concernant ledict estat et charge, et oultre luy face, souffre et permettre prendre le petit Gallion appellé l'Esmerillon, que de présant il a de nous, lequel est jà viel et caduc, pour servir à l'adoub de ceux des navires qui en auront besoign et lequel nous voullons estre pris et appliqué par ledict Cartier pour l'effect desusdict, sans ce qu'il soit tenu, en rendre aucun autre compte ne relicqua, et duquel compte et relicqua nous l'avons deschargé et deschargeons par icelles présantes par lesquelles nous mendons aussy à noz prévost de Paris, baillifs de Rouan, de Caen, d'Orléans, de Bloys et de Tours, sennechaux du Maine, d'Anjou et Guyenne et à tous nos autres baillifz, sennechaux, prévostz et allouez et autres nos justiciers et officiers tant de nostre dict Royaume que de nostre pays de Bretaigne uny à iceluy, par devers lesquelz sont aucuns prisonniers accusez ou prévenus d'aucuns crimes quelz qu'ilz soinct, fors des crimes d'hérézie et de leze majesté divine et humaine envers nous et de faulx monnayeurs, qu'ilz ayent incontinent à délivrer, rendre et bailler es mains dudict Cartier, ou ses commis et deputtez portans cestes présantes ou le duplicata d'icelles, pour nostre service en ladicte entreprise et expédition, ceux desdictz prisonniers qu'il congnoistra estres propres suffizans et cappables pour servir en icelles expédition jusqu'au nombre de cinquante personnes et selon le choix que ledict Cartier en fera, iceux premièrement jugez et condannez selon leur démerittes et la gravité de leurs meffaictz, si jugez et condamnez ne sont, et satisfaction aussy préalablement ordonnée aux parties civilles et intéressées, si faictes n'avoict esté, pour laquelle toutteffois ne voullons la déliverance de leurs personnes esdictes mains dudict Cartier s'il les trouve de service, estre retardée ne retenue, mais se prendra laditte sattisfaction sur leurs biens seullement, et laquelle déliverance desdict prisonniers, accusez ou prévenuz nous voullons estre faicte esdites mains dudict Cartier pour l'effect dessus dict, par nos dictz justiciers et officiers respectivement, et par chacun d'eux en leur regard, povoir et juredition, nonobstant oppositions ou appellations quelconcques faictes ou à faire, relevées ou à relever, et sans que par le moyen d'icelles, icelle délivrance en la manière dessus dicte soict aucunement différée, et affin que plus grand nombre n'en soict tiré outre lesdictz cinquante, nous voullons que la déliverance que chacun de nosdictz officiers en fère audict Cartier soict escripte et certiffiée en la marge de cestz présantes, et que néantmoins registre en soict par eux faictz et envoyé incontinent par devers notre amé et féal chancelier pour congnoistre le nombre et la quallitté de ceux qui ainsi auront esté baillez et delivrez, Car tel est nostre plaisir, en tesmoing de ce nous avons faict mettre nostre scel à cesdictes présantes. Donné à Sainct Pris le dix septieme jour d Octobre l an de grâce mil cinq centz quarante et de nostre regne le vingt sixiesme. Ainsi signé sur le reply : Par le Roy, vous Monseigneur le Chancelier et autres présans, De la Chesnaye, et scellées sur ledict reply à simple queue de cire jaulne.

Ausquelles lettres est attaché soubz contre scel autres lettres pattantes dont la teneur ensuict :

HENRY fils aisné du Roy, Dauphin de Viennois, duc de Bretaigne, compte de Vallentinois, et de Diois, à nos amez et féaux les gens de noz conseil et chancellerie, sénéchaux, allouez, lieutenantz, et à tous noz autres justiciers et officiers en nos dictz pays et duché, salut. Nous vous mendons que suyvant le contenu es lettres patantes du Roy nostre trés honoré seigneur et pere, données en ce lieu de Sainct Pris, le dix septiesme jour de ce présant mois, ausquelles ces présantes sont attachées soubz le contre scel de nostre chancelerie, vous ayez à incontinent délivrer, rendre et bailler entre les mains de nostre cher et bien amé Jacques Cartier, capitaine général et pillotte de tous les navires et autres vaisseaux de mer que le Roy nostre dict seigneur et pere envoye ès pays de Canada et Ochelaga, et jusque en la terre de Saguenay... Pour les causes à plain déclarées esdictes lettres, ou à ses commis et deputtez portant lesdictes lettres et cesdictes présantes, les prisonniers estans par devers vous accusez ou prévenus d'aucun crime, quel qu'il soict, fors de crime d'hérézie et leze majesté divine et humaine et faulz monnayeur, que le dict Cartier congnoistra estre propres, suffizans et cappables pour servir audict voiaige et enterprise jusqu'au parfaict du nombre de cinquante personnes et selon le choix que ledict Cartier en fera, iceux premièrement jugez et condamnez selon leurs demerittes et la gravitté de leurs meffaictz, si jugez et condamnez ne sont, sattisfaction aussi préalablement faicte aux parties civilles et interessées, si faicte n'avoict esté, sans touttefois pour la dicte sattisfaction retarder la délivrance de leurs personnes esdictes mains dudict Cartier s'il les trouve de service comme dict est, mais ordonner icelle sattisfaction estre prise sur leurs biens seullement et afin qu'il n'en soict tiré plus grand nombre que cinquante, chaicun de vous respectivement regarderez la marge desdictes lettres, combien il en aura esté délivré au dict Cartier, et ferez escrire et certiffier en icelle marge ceux que luy ferez delivrer, et néantmoins en tiendrez registre que vous envoirez à nostre très cher et féal le chancelier de France et le nostre pour congnoistre le nombre et qualité qu'ainsi auront esté délivrez, le tout selon et ainsi qu'il est plus au long contenu et déclaré esdictes lettres du Roy nostre dict seigneur et père, et que ledict seigneur le veult et mande par icelles. Donné à Sainct Pris le vingtieme jour d'Octobre l'an mil cinq centz quarante. Ainsi signé, par Monseigneur le Dauphin et duc, Clausse, et scellées à queue de cire rouge.

J.

M. De Costa traduit "péril de nauléige" (ou "peril de nauléaige," ancien style) par "*danger de naufrage*," ce qui est évidement une erreur. Littré dit, au mot "naulage," que c'est "un terme de marine, synonyme de fret, dans la Méditerranée" ; dans le même ouvrage, on voit que "fret" veut dire, louage d'un vaisseau. Le mot "noliser," qui se trouve dans tous les dictionnaires français d'aujourd'hui, équivant à "fréter un vaisseau". Le Dictionnaire national de Bescherelle rend "nolis" ou "naulage" par affrètement. Cartier voulut donc dire qu'en entreprenant ce quatrième voyage, il pouvait être exposé à encourir des frais qu'il n'avait pas prévus dans le louage de son navire.

Avant de quitter M. De Costa, il n'est peut-être pas hors de propos de noter quelques-unes des erreurs qui déparent cette partie de son magnifique article sur "Jacques Cartier et ses successeurs," lequel se trouve dans le grand ouvrage de M. Justin Winsor, intitulé, *Narrative and Critical History of America.*

1. Il dit que Cartier, lors de son premier voyage, mit à la voile avec deux vaisseaux, du port d'environ 50 tonneaux chacun, *et 162 hommes d'équipage.*

2. Il dit que le cap Saint-Pierre était sur l'île Alexay, et que cette dernière était probablement l'île du Prince-Edouard.

3. Il confond le 'Fleuve des Barques' avec la baie de Saint-Lunaire.

4. Il dit que Cartier arriva à Gaspé, le 24 juillet.

5. Il dit que Cartier partit pour son deuxième voyage, trois jours après Pâques, 1535. Or cette année-là, Pâques tombait le 28 mars. Il faudrait en conclure que Cartier mit à la voile le 31 mars.

6. Il parle du courant Sainte-Marie comme d'un ruisseau qui se décharge dans le Saint-Laurent, " an entering stream."

7. Il dit que Donnacona montra huit scalpes à Cartier, auquel il assura qu'ils avaient été enlevés, par les gens de sa nation, à leurs ennemis dont il avaient tué une bande d'environ deux cents, quelque temps auparavant.

8. Il dit que Cartier, au retour de son deuxième voyage, arriva à Saint-Malo, le 1 juillet 1536.

9. Il confond *Hochelay* avec *Hochelaga*.

10. Il dit que, selon Hakluyt, Roberval aurait quitté le port de la Rochelle, le 14 avril 1542.

11. Il dit que France-Royal (Charlesbourg-Royal) était audessous de Québec.

12. Il traduit " péril de nauléaige " par " risk of shipwreck."

Or, les nos. 1, 3, 4, 5, 7, 8, 9, 10, 11, sont des erreurs de faits, comme on pourra s'en convaincre, en référant à n'importe quel compte rendu des voyages de Cartier. Quant au 6e, il est inutile de faire remarquer que le courant Sainte-Marie, près d'Hochelaga, se trouve dans le fleuve Saint-Laurent. Le no. 12 a déjà été traité. Le no. 2 seul peut être discuté, et nous laissons à quiconque est au fait de la topographie de l'île de Prince-Edouard à décider si cette île, vue de la mer, peut paraître " très haute et pointue."

K.

Testament de Jacques Cartier.

Daté le 19 mai 1541, immédiatement avant son départ pour le troisième voyage.

Endroict davent nous notaires jurez & receuz en la court de Sainct Malo soubz signans & par icelle, furent huy presens & personnellement establiz Jacques Cartier, capitaine & maistre pillote du Roy es terres neuffves, & Catherine Des Granges sa compaigne espouze, sieur & dame de Lymailou, & bourgeoys en ceste ville & cité de Sainct Malo, d'vne & aultre partz. Icelle dicte Catherine à sa requeste suffizamment & qui à ce que ensuist groyer, tenyr & acomplir auctorisée tant de sond. mary que de Jacques Des Granges sieur de La Ville-es-gardz, son pere, sur ce present qui de faict luy en donne ses auctoritez paternelz, au tout du contenu en cestes presentes, a promis & juré par son serment &, sur hypotheque generalle de tout son bien present & avenyr, d'icelle auctorité jamais ne faire revocation : & Jehanne Cartier, seur dud. Cartier, aussi presente, n'aller au contraire en aucune maniere. Lesqueulx, & chascun sur nommez, respectivement se submetans & se sont submis avecques touz chaincuns leurs biens meubles & immeubles presens & avenir aux pouvoir, destroit, jurisdiction, seigneurie & obeissance de nostre d. court, y fournir & obeyr droict quant au contenu de cestes presentes, sequelles & deppendances ; lesquelx & chascun, sans aucune induction ny coaction, mais de leurs pures & liberalles voluntez & comme mieulx leur a pleu, firent & font contract ensamble l'vn avecques l'aultre à tiltre de pure, mutuë & esgalle donne, des forme & maniere qui ensuyvent ; par laquelle ilz & chascun s'entre sont donnez l'vn à l'aultre acceptans reciproquement le tout de l'vsufruict, jouissance & revenu des maisons, terres, apartenances, heritaiges & choses heritelles quelxconques à eulx apartenantes soit par aquest ou autrement en quelque maniere & sans reservation aucune au village de Lymailou, vulgairement appellé *la maison de Lymouellou*, situées & estantes es paroaisses de Pasramé & de Sainct Ydeuc & chascune pour en jouir le sourvivant d'elx sa vie durante seullement après le decès avenu du premier decebdé, acquicter & icelle entretenir en deuës & bonnes reparations durant que le sourvivant en jouyra & sans en faire allienation ne dyminution en maniere quelxconque. Plus s'entre sont lesd. mariez donné pour eulx, leurs hoirs & successeurs, le premier decedant, la somme de cent livres monnoie à estre premierement prinse & levée sur les plus riches & principales bagues & chaisnes d'or de leur communaulté au chouays du sourvivant jucques à la valleur dicelle somme. Dict & consenty entr'eulx, en presence desd. Jacques Des Granges, Jehanne Cartier, chascun pour eulx, leurs hoirs & subcesseurs, que si & en cas que ledict decès dud. Jacques Cartier premierement aviendroit que de sad. femme, en iceluy cas durant le vivant de lad. Catheryne qu'elle joyra dud. lieu & terres de Lymouellou, celle Jehanne Cartier ou les siens hoirs aura & joyra, durant led. temps, de l'vsufruict jouissance & revenu d'vne petite maison & jardrin derriere situez & estans en cested. ville de Sainct Malo jouxte les murailles d'icelle aux environs de Buhen, joignante par vne part la ruë dud. Buhen, par aultre endroict & bout à aultre jardrin apartenante à Jehanne Eberard & d'un costé le manoir de Buhen. Et si le decès de lad. Catheryne premier avenoyt durant le vivant dud. Cartier qu'il joyroit dud. lieu & heritaige de Lymouellou, celuy Jacques Des Granges pour luy ou les siens fera la jouissance, vsufruict & revenu d'iceulx petite maison & jardrin estans en cested. ville comme dict est jucques au temps du decès dud. Cartier. Et le decès dud. sourvivant avenu seront tous leurs heritaiges partagez & divisez entre les heritiers & subcesseurs d'iceulx mariez & chascun comme apartiendra par droict & coustume. Et, des à present comme des lors du decès du premier decedé, ont voullu & consanty l'vn a l'aultre que le sourvivant en prenne & aprehende la reelle, corporelle & actuelle possession & jouissance, sans aultre moien ne mestier de justice, & se y entre constituans l'vn l'aultre pour le survivant vroy possesseur aud. tiltre à viaige seullement comme dessus. Et de ce s'entre sont promis bon & deu garantaige sur leursd. biens, neantmoingz droict & coustume au contraire disans : donneur n'estre tenu garantyr la chose par luy donnée. Et les choses toutes & chaincune cy dessus lesd. parties & chaincune surnommées, & chaincune presente pour ce que luy touche, ont congneu estre vroyes, de la manierre les ont promis & juré tenyr & acomplir, sans pouvoir aller ne faire au contraire, en maniere quelxconque y avoir ne querir delaiz aucuns, à quoy ils ont renuncé. Et partant à ce faire les y avons de leurs consantements & requestes condemnez & condempnons ; donné à tesmoing de ce les sceaux establiz aux contractz de nostred. court. Et fut faict & le gré prins en cested. ville de Sainct Malo en la maison & demeurance desd. mariez, le dix neuffiesme jour de may MDXLI. *Ainsi signé* JAC CARTIER, G. REHAULD, F. LE BRET.

L.

Lettre écrite à M. John Growte étudiant à Paris, par Jacques Noël de Saint-Malo, neveu de Jacques Cartier, au sujet des dites découvertes.

Master Growte, your brother in law Giles Walter shewed me this morning a Mappe printed at Paris, dedicated to one M. Hakluyt an English Gentleman : wherein all the West Indies, the kingdome of New Mexico, and the Countreys of Canada, Hochelaga and Saguenay are contained. I hold that the Riuer of Canada which is described in that Mappe is not marked as it is in my booke, which is agreeable to the booke of Iaques Cartier: and that the sayd Chart doth not marke or set downe The great Lake, which is aboue the Saults, according as the Sauages have aduertised vs, which dwell at the sayd Saults. In the foresayd Chart which you sent me hither, the Great Lake is placed too much toward the North. The Saults or falles of the Riuer stand in 44. degrees of latitude : it is not so hard a matter to passe them, as it is thought: The water falleth not downe from any high place, it is nothing else but that in the middest of the Riuer there is bad ground. It were best to build boates aboue the Saults : and it is easie to march or trauell by land to the end of the three Saults : it is not aboue fiue leagues iourney. I haue bene upon the toppe of a mountaine, which is at the foot of the Saults, where I haue seene the sayd Riuer beyond the sayd Saultes, which shewed vnto vs to be broader than it was where we passed it. The people of the Countrey aduertised vs, that there are ten dayes iourney from the Saults vnto this Great Lake. We know not how many leagues they make to a dayes iourney. At this present I cannot write vnto you more at large, because the messenger can stay no longer. Here therefore for the present I will ende, saluting you with my hearty commendations, praying God to give you your hearts desire. From S. Malo in haste this 19 day of June, 1587.

Your louing Friend

IAQVES NOEL.

Cosin, I pray you doe me so much pleasure as to send mee a booke of the discouery of New Mexico, and one of those new Mappes of the West Indies dedicated to M. Hakluyt the English Gentleman, which you sent to your brother in law Giles Walter. I will not faile to informe myselfe, if there be any meane to find out those descriptions which Captaine Cartier made after his two last voyages into Canada.

(Vnderneath the aforesaid vnpersite relation that which follweth is written in another letter sent to M. Iohn Growte, student in Paris from Iaques Noel of S. Malo, the grand nephew of Iaques Cartier.)

I can write nothing else vnto you of anything that I can recouer of the writings of Captaine Iaques Cartier my vncle disceased, although I haue made search in all places that I could possibly in this Towne : sauing of a certaine booke made in maner of a sea Chart, which was drawne by the hand of my said vncle, which is in the possession of Master Cremeur : which booke is passing well marked and drawne for all the Riuer of Canada, whereof I am well assured, because I my selfe haue knowledge thereof as farre as to the Saults, where I haue bene : The height of which Saults is in 44. degrees. I found in the sayd Chart beyond the place where the Riuer is diuided in twaine in the midst of both the branches of the said riuer somewhat neerest that arme which runneth toward the North west, these words following written in the hand of Iaques Cartier.

By the people of Canada and Hochelaga it was said, That here is the land of *Saguenay*, which is rich and wealthy in precious stones.

And about an hundred leagues vnder the same I found written these two lines following in the saide Carde enclining toward the Southwest. Here in this Countrey are Cinamon and Cloues, which they call in their language *Canodeta.*

Touching the effect of my booke whereof I spake vnto you, it is made after the maner of a sea Chart, which I have deliuered to my two sonnes Michael and Iohn, which at this present are in Canada. If at their returne, which will be God willing about Magdalene tyde, they haue learned any new thing worthy the writing, I will not faile to aduertise you thereof.

Your louing Friend,

IAQVES NOEL.

Index alphabétique des personnes et des lieux mentionnés dans cet ouvrage.

—o—

A.

B.

C.

D.

E.

F.

G

H.

I & J.

K.

N.

O.

P.

Q.

R.

S.

T.

V.

BIBLIOTHÈQUE ... R.F. ... IMPRIMÉS

www.ingramcontent.com/pod-product-compliance
Ingram Content Group UK Ltd.
Pitfield, Milton Keynes, MK11 3LW, UK
UKHW020251180726
13839UKWH00001B/284

9 782329 382494